KB203528

백용성의 화두 참선법

백용성의 화두 참선법

| 연비하듯 화두로 나를 태운다 |

허정선 저

운주사

추천사

나에게는 첫 번째 박사논문 지도제자인 허정선 박사는 그동안 성실함과 열정으로 불교에 대한 연구와 그의 관심 분야인 참선포교에 꾸준히 매진해 왔다. 허 박사가 백용성 선사의 참선포교에 관해 심도 있는 연구로 2022년에 박사학위를 받은 이후 2년 만에, 이제야 인연이 되어 그의 박사논문인 「백용성 선사의 참선포교에 관한 연구」를 바탕으로 수정하고 보완하고, 일부 내용을 추가하여 귀중한 저서를 세상에 내놓게 되었다.

현재 한국불교는 남방불교의 영향과 서구에서 유입된 다양한 명상법들로 인해 그 고유의 정체성이 모호해지는 혼란기에 놓여 있다. 이러한 때 허 박사는 한국 전통불교의 수행법인 화두 참선에 대한 깊은 이해를 바탕으로 적극적인 포교활동을 펼치고 있다.

이 책은 그의 박사학위 논문에 덧붙여 실제 화두 참선 수행에 있어 필요한 이론 등을 첨가하여 백용성 선사의 참선사상과 수행 및 포교방법, 그리고 현실에서 이루어지는 수행실천을 다루고 있다. 그리하여 수행자뿐만 아니라 불교에 관심 있는 일반의 독자에게도 큰 도움이 될 것이다.

이 책이 한국불교의 정체성을 확인하고, 화두 참선의 진정한 가치를 널리 알리는 데 중요한 역할을 할 것으로 기대한다. 나아가 참선을 통한 포교의 유익한 도구로 활용되어, 많은 사람들이 한국의 전통불교의 수행법을 맛보고 그를 통해서 삶의 의미를 찾는 데 도움이 되기를 진심으로 바란다.

2024년 8월

김호귀 합장

책을 펴내며

먼저 필자의 박사학위 논문을 바탕으로 한 글이 이렇게 한 권의 책으로 완성되어 나오기까지 힘이 되어 주고 도움을 주신 많은 분들께 깊은 감사의 마음을 전한다.

특히 박사학위 논문 지도를 해주시고 지금도 끊임없이 이끌어주시는 김호귀 교수님께 깊은 감사를 드린다. 그리고 화두 참선이라는 귀중한 한국 전통 불교 수행법을 접하게 해주시고 화두로 연비하듯 평생을 참선 수행의 길로 한결같이 걸어오고 계신 석종사 회주 금아혜국金牙慧國 스님, 백용성 조사님에 대해 학문적으로 연구할 기회를 주신 백용성 실천불교 운동가 진관眞寬 스님, 그리고 백용성 조사님의 참선포교에 관한 연구의 큰 틀을 잡아주시고 대각선大覺禪이라는 새로운 개념을 제시해주신 전 동국대 총장 한보광韓普光 스님께도 깊은 감사를 드린다. 또한 논문지도위원장이셨고 항상 적절한 조언을 해주시는 김광식 교수님, 논문지도위원이셨던 한상길 교수님께 다시 한 번 진심으로 감사드린다.

무엇보다도, 사랑과 자비의 화신이셨던 아버지 허종수 님께 깊은 감사를 드린다. 아버지의 별세로 인한 큰 슬픔을 겪으며 그것을 극복하는 과정에서 혜국 스님을 찾아뵈어 화두 참선을 배우고, 나아가 용성 조사님의 가르침으로 이어지게 되었다. 지금 돌이켜 생각해 보면, 아버지께서는 돌아가시면서까지도 결국 이런 귀중한 배움의 길로 필자를 인도해 주신 것이 아닌가 싶다. 이에 아버지 허종수 님께 다시 깊은 감사를 드린다. 또한 존경하고 사랑하는 어머니 임선희 여사, 묵묵히 지원해준 오빠와 언니들께 감사드리고, 항상 곁에서 응원해준 남편과 아들에게도 고마움을 전한다.

이 책은 백용성 조사님의 화두 참선 포교에 관한 내용을 주요하게 다루고 있다. 널리 알려진 것처럼, 조사님은 평생을 우리 민족과 나라의 독립을 위해 헌신하신 분으로, 1919년 3·1 독립운동과 이어 수립된 임시정부에 끊임없이 정신적·물질적 지원을 해주시는 등 독립운동의 실질적 기둥이셨다. 한편, 백용성 조사님은 깨달음의 본질과 화두 참선 수행법에 대해 깊이 있는 가르침을 펼치셨다. 조사님은 깨달음이란 분명 모든 곳에 이미 존재하며 우리의 일상적인 감각활동 모두가 깨달음의 표현이라고 강조하셨다. 또한, 진정한 깨달음에 이른 사람은 참선조차도 필요 없지만, 본각진성本覺眞性을 잊은 우리가 화두 참선을 할 경우 의정疑情 일념이 큰 불길같이 일어 온 마음을 사로잡아 어떠한 알음알이도 끼어들지 못하게 해서 활구참선이 되게 해야 한다고 강조하셨다.

이 책은 필자의 학위논문을 바탕으로 구성된 I부와 강의 교재용으로 편성된 II부로 구성되었다. 이 책을 통해 독자 여러분께서 백용성 조사의 가르침을 이해했으면 한다. 그 가르침을 통해 우리의 존재가 본래 깨달았다는 사실과 이 본각진성本覺眞性을 잊은 대부분의 중생들에게 화두 참구가 최고의 수행법임을 강조하는 저의 연구를 함께 나누고자 한다.

끝으로, 이 책이 한국 불교의 화두 참선 전통을 이해하고 실천하고 발전시키는 데 도움이 되기를 바라며, 독자 여러분의 수행과 깨달음의 여정에 작은 보탬이 되기를 희망한다. 이 책이 나올 수 있도록 저를 믿고 도와주신 도서출판 운주사 김시열 대표님께 또한 깊은 감사의 마음을 전한다.

2024년 8월

저자 합장

제 II 부 실전 화두 참선 수행법 221

서 론

본서는 백용성(白龍城, 1864~1940) 선사[1]의 참선포교에 관한 연구이다. 지금까지 백용성의 생애와 활동, 사상과 신앙 등에 관해서는 다양한 연구가 진행되었으나 그의 참선 사상과 참선을 통한 포교 활동에 초점을 맞춘 연구는 많지 않다. 또한 현대불교의 화두 참선 수행 전통에는 백용성의 역할이 크게 자리잡고 있었지만 이러한 그의 역할을 알고 있는 사람들은 많지 않아 보인다. 그래서 그의 참선사상과 수행방법, 그리고 이를 통한 포교방법에 대해 연구하고 알리는 일은 매우 중요한 가치를 지닌다. 이러한 작업을 통해 필자는 대중들이 한국불교의 화두 참선 전통을 올바르게 이해할 뿐만 아니라 현실 속에서의 수행실천에도 도움이 될 수 있기를 기대한다.

백용성은 일제 강점기에 한국 전통불교의 중흥과 민족의 독립을 위해 크게 노력하였다. 백용성은 1864년(고종 1년) 음력 5월 8일 전라북

---

1 이하 백용성으로 지칭한다. 본서의 I부는 필자의 박사학위 논문인 「백용성 선사의 참선포교에 관한 연구」(동국대학교, 2022)를 기반으로 서술하였다.

도 장수군 죽림리에서 태어났다. 어릴 때부터 생명의 고귀함에 대한 태도가 남달랐던 백용성은 14세에 남원의 교룡산성에 있는 덕밀암德密庵에서 출가하였다. 그러나 집으로 일시 귀가했다가 16세에 해인사 극락암에서 재출가하였다. 23세가 될 때까지 크게 네 번에 걸쳐 깨달음을 증득하였다.[2] 백용성은 참선으로 대각大覺을 증득하고 교학 연찬으로 깨달음을 확인하였다. 그 후 백용성은 상경上京하기 직전인 1910년 그의 나이 47세까지 참선 수행자로서 전국을 돌며 선회禪會를 개최하고 수행하였다. 이후 그는 왜색불교가 성행하는 불교계 현실에서 깨달음을 사회로 회향하는 노력을 기울였다. 즉 전통 한국불교의 정신을 담고 있는 참선을 대중들에게 널리 알리면서 불교를 전파하기 시작하였다. 또한 일제에 대항하여 나라의 독립을 위하여 크게 힘썼다.

백용성은 1911년 경성으로 올라와 본격적인 도심에서의 불교 포교를 시작한다. 당시 도심에서의 포교 활동은 불교를 중흥시키기 위한 하나의 필요 과정이었다고 볼 수 있다. 불교는 오랜 기간 조선의 숭유억불崇儒抑佛 정책으로 다른 종교들의 교세와는 비교가 될 수 없을 정도로 대중포교 활동은 열악한 상황이었다. 단적인 예로 도성 안에는 사찰이라고는 각황사覺皇寺 하나밖에 없었다. 백용성은 당시의 이러한 상황을 그의 저서 『조선글 화엄경』의 「저술과 번역에 대한 연기」에서 밝히고 있다.[3]

---

2 김정희, 「백용성의 생애와 불교개혁론」, 『불교평론』 12, 현대불교신문사, 2010, 12, p.361.

3 백용성, 「저술과 번역에 대한 연기」, 『백용성 대종사 총서』 6, 대한불교조계종 대각회, 2016, p.449, "이듬해 신해년(1911) 2월 그믐에 경성에 들어와서 시대사조

백용성은 「저술과 번역에 대한 연기」에서 "임제臨濟 선사가 삼구로 교화한 것을 본받아서 종지를 거량하였을 따름이었다"라고 밝히며 임제 선풍인 참선 수행을 널리 보급하는 선각자적 역할을 한다. 그리고 백용성은 1911년 서울 대사동大寺洞(지금의 인사동仁寺洞)의 한 신도인 강씨康氏 집에서 대중을 대상으로 선회를 개설한다. 3개월이라는 짧은 시간에 수백 명의 신도들이 모여들었다. 백용성은 이에 서울 도심 포교에 자신감을 얻어 당시로서는 최초의 민가 포교당을 개설하기에 이른다.[4] 백용성은 화두 참선의 대중화를 위하여 참선 입규立規를 정하고 신도들과 공동 수행을 실시하였다. 최초로 '참선'이라는 용어를 도심에서 널리 알리며 임제종중앙포교당臨濟宗中央布敎堂의 개교사장開敎師長으로 활동하였고, 조선선종중앙포교당朝鮮禪宗中央布敎堂에서 활동하였다.[5]

나아가서 백용성은 전통 선禪의 회복을 위하여 독자적으로 선종임제파강구소禪宗臨濟派講究所와 대각사大覺寺를 건립하고 운영하였다. 특히 대각사를 운영하면서 많은 경전을 번역하고 저술하였는데 선禪

를 관찰해 보니, 다른 종교에서는 곳곳마다 교당을 설립하고 종소리가 쟁쟁하며 교중敎衆이 교당에 가득한 것을 보았다. 그런데 우리 불교에서는 각황사 하나만이 있을 뿐이고, 더욱이 우리 선종에서는 한 명도 선전하는 것을 볼 수가 없는 것이 한탄스러워 즉시 임제 선사가 삼구로 교화한 것을 본받아서 종지를 거량하였을 따름이었다."

4 한태식(보광), 「백용성 스님의 대중포교 활동」, 『大覺思想』 6, 대각사상연구원, 2006, p.59.

5 「萬日참선結社會創立記」, 『백용성 대종사 총서』 1, 대한불교조계종 대각회, 2016, p.351.

관련 전적典籍의 번역과 저술이 많은 비중을 차지하였다.[6] 또한 1925년에는 경기도 망월사望月寺에서 한국 전통불교의 중흥으로 상징되는 만일참선결사회萬日參禪參禪結社會[7]를 열어 참선 정진을 지도하였다. 백용성은 참선을 바탕으로 역경·포교·대각교 운동을 함께 추진해 갔다. 또한 용정龍井 대각교당, 선농불교先農佛教의 상징인 함양 화과원花果院에서 다양한 노력을 기울였다.

이 책은 필자의 박사학위 논문 「백용성 선사의 참선포교에 관한 연구」를 수정 보완한 것이다. I부에서는 백용성의 생애와 민족운동 및 선사의 포교 활동을 다루었다. 포교활동은 다시 셋으로 나누어 살펴보고자 한다. 첫 번째는 문서를 통한 참선포교, 두 번째는 수행실천으로서의 참선포교, 그리고 세 번째는 대중을 위한 참선포교이다. 그리고 이러한 고찰과 백용성 선사의 저서들을 통해서 한 가지 중요한 사실을 알 수 있었다. 용성 선사는 참선 수행을 통해 우리는 이미 모두 깨달은 존재라는 것을 깨쳤으며 이 힘으로부터 선사의 모든 포교 활동이 가능했다는 것이다. 또한 선사께서 본각진성本覺眞性을 잊은 대부분의 중생들에게 화두참구가 최고의 수행법임을 강조하신 것을 저자는 서술하고자 한다.

한편 한보광 스님은 용성 스님의 대각사상과 대각운동을 합한 단어

---

6 문선희(정수), 「禪修行의 대중화에 대한 一考-용성 선사를 중심으로」, 『大覺思想』 13, 대각사상연구원, 2010, p.61.

7 결사회 명칭은 '정수별전선종활구참선결사회(精修別傳禪宗活句參禪萬日結社會)라고 나오지만, 백용성도 '만일참선결사회萬日參禪結社會'라고 서술하여 만일참선결사회라고 하겠다.

로 대각선大覺禪이라는 조어를 만들어 학계에 화두를 던지고 있다.[8] 경론 상의 대각은 부처님을 뜻하기도 하며 부처님의 깨달음을 상징하기도 한다. 그러나 용성의 대각관은 시각, 본각, 구경각을 성취한 것이며, 자신의 깨달음을 자각한 것과 그 깨달음을 사회화하여 다른 사람도 깨닫게 하는 각타覺他를 구족하는 선이 대각선이라고 보광 스님은 강조한다. 그에 의하면 백용성은 대각을 성취한 대각인으로 대각사상을 정립하고, 대각운동을 전개하였으며, 이를 조직화한 것이 대각교운동인데, 그 기본 바탕은 대각선이라는 독특한 선수행과 선 포교방법이다. 그리고 그 목적은 깨달음의 사회화인 민중대각화사업이라고 용성 스님을 재조명하고 있다.[9]

II부에서는 도심 속 실전 화두 참선 수행을 위한 8개의 주제를 다루었다. 이 주제들에 필자가 직접 화두 참선을 체험하면서 받은 가르침, 여러 문헌을 통해 얻은 지식, 그리고 충주 석종사 조실로 계신 혜국 스님으로부터 받은 화두 참선 수행의 진수를 담아내려 노력하였다. 그리고 이를 통해 독자 여러분에게 화두 참선의 본질과 실천 방법을 온전히 전하고자 노력하였다.

필자는 화두 참선 수행법을 혜국 스님으로부터 배웠다. 처음 필자에게 이 수행법은 무척 낯설고 어렵게 느껴졌다. 그러나 이러한 낯설음과 어려움은 스님께서 매 법회 때마다 주시는 화두 참선 수행에 대한 한결같은 열정과 확고한 믿음에 의해서 곧 해소되었다. 그리고 '얼마나

---

8 한태식(보광), 「백용성 스님의 大覺禪 연구」, 『大覺思想』 40, 대각사상연구원, 2024, p.16.

9 위의 논문, pp.49~50.

훌륭한 수행법이기에 저렇게까지 열정을 가지고 법문을 하실까?' 하는 궁금증으로 이어졌고, 혜국 스님의 가르침은 더 깊은 공부를 하고 싶다는 생각을 자연스럽게 갖게 해주었다. 그리하여 동국대학교 선학과 박사과정에 들어가서 백용성 선사의 참선포교에 대해서 연구하게 되었다. 아마 스님으로부터 꾸준히 화두 참선을 배우지 않았더라면 용성 스님에 대한 연구, 특히 화두 참선포교에 관한 연구는 가능하지 못했을 것이다.

혜국 스님의 선기禪氣 어린 법문을 통해 배운 심오한 가르침들, 또 틈틈이 공부하면서 여쭤보았던 질문들과 그 답변들을 참고했는데, 모두 필자의 관점으로 정리했기에 실제 혜국 스님의 말씀과 다를 수도 있음을 먼저 말씀드린다. 평생 철저히 수행하시며 공부하신 큰스님의 말씀을 나름 해석하며 혹시 잘못 전달하지 않았는지 매우 우려되는 부분이다. 그렇지만 계속 공부해 나가면서 좀 더 나은 내용을 앞으로 선보일 계획이다. 정리한 여덟 가지 주제는 다음과 같다. ①화두란? ②발심은 왜 중요한가? ③생활 속의 화두 참선 수행이란? ④화두 참선·연기·중도 ⑤화두 참구란? ⑥삼매란 무엇인가? ⑦의정·의단·타성일편·은산철벽·동정일여·오매일여 ⑧복덕·공덕과 화두참구 등이다. 선 수행은 글로는 표현될 수 없는 부분이 매우 많기에 II부에서 다룬 주제에 미흡한 설명이 있다면 강의를 통해 메울 수 있기를 바란다.

백용성은 대승불교의 범주 안에서 간화선의 깨달음에 가장 부합하는 삶을 걸어간 선지식이라 생각한다. 왜냐하면 그는 임제선의 맥을 잇는 의정을 통해 크게 깨달은 선지식으로서 도심지로 나와 당시 대중들에게 화두 참선을 안내해 준 최초의 보살이었기 때문이다. 필자는 이 연구를 통해서 독립운동가·저술가·불교개혁가이며 그 당시 몇 안 되는 깨달은 선사들 중의 한 분이었던 백용성 선사가 근대 한국사회에 '참선'이라는 우리의 전통 수행법을 도심에서 실천하면서 널리 포교한 위대한 화두 참선 수행자, 대선사라는 사실을 다시 한번 알리는 기회가 되기를 바란다. 세상에는 좋은 명상법 그리고 좋은 수행법이 많다는 것을 안다. 그러나 우리나라에서 화두 참선을 포교한다는 것은 단지 좋은 수행법을 알리는 것에만 그친다고 생각하지 않는다. 여기에는 더 큰 의미가 있다고 보는데 용성 조사님을 통해 그 의미를 알 수 있다. 꼭 나라를 뺏기고 전쟁이 나야 민족을 살리고 이웃을 구하기 위해 도인이 나타나고 의인들이 출현한다고 생각하지 않는다. 지금 해야 하고 지금 이 의미를 끌어내야 한다. 현재 우리가 처한 사회 상황을 보면 알 수 있다. 또한 오늘날 한국불교는 남방불교의 수행법과 서구에서 여러 명상 기법들이 유입되면서 한국불교 고유의 특성과 가치관을 유지하는 데 어려움을 겪고 있는 실정이다. 이러한 상황 속에서 우리 불교의 가치와 어디에 내놓아도 빠지지 않는, 오랜 세월 동안 우리 DNA에 녹아 있는 독특한 수행 전통, 화두 참선을 재조명하고 계승하며 더 발전시켜 나가는 것이 중요한 과제로 대두되고 있다.

본 저서가 우리나라 불교의 핵심 수행법인 화두 참선에 대한 이해를 깊게 하고, 이를 일상에서 실천하는 데 길잡이가 되길 바란다. 아울러 이 책을 통해 독자 여러분이 자신만의 수행 여정에서 의미 있는 통찰을 얻고, 궁극적인 깨달음을 향한 길에 작은 등불이 되기를 진심으로 소망한다. 여러분 각자의 수행이 더욱 풍성해지고 깊어지는 데 이 책이 조금이나마 도움이 된다면 저자로서 더할 나위 없는 기쁨이 될 것이다.

제1부 백용성 선사의 참선포교에 관한 연구

제1장 백용성의 생애와 민족운동

백용성(1864~1940)은 19세기 말 일본이 한국을 강제 점령하고 있던 시기에 활동했던 불교의 참선 수행자이자 독립운동가이다. 백용성은 암울했던 일제 강점기에 한국 전통불교인 참선의 중흥과 민족 독립을 위해 크게 노력했다. 당시 조선 사회는 일제의 침략뿐만이 아니라 동학과 민란의 발생, 그리고 유교의 쇠퇴로 인해 혼란스럽고 어수선한 사회였다. 불교 또한 조선왕조 초기부터 숭유억불 정책으로 극심한 탄압을 받아 왔으며, 그 결과 겨우 법통을 이으며 명맥만 유지하고 있었다.[1]

이러한 사회적 분위기 속에서 출가한 백용성은 전국의 여러 사찰과 선원에서 수행했다. 그는 1911년 서울로 상경하여 한국 전통불교인 참선의 중흥과 불교의 대중화를 위해 헌신했다. 또한 삼장역회三藏譯會라는 조직을 통해 수많은 역경사업을 수행했다. 그리고 『수심정로』,

---

1 서울특별시 시사편찬위원회, 『서울 2천년사』 24, 서울특별시 시사편찬위원회, 2014, p.74.

『각해일륜』, 『한글 대각교 의식집』 등을 포함한 저술 활동도 적극적으로 펼쳤다. 도심포교의 전진 기지로서 대각교를 창립하는 등 백용성의 도심포교를 위한 다각적인 노력은 현대불교의 포교 활동에도 큰 영향을 주었다.

백용성은 한국 근대사에서 몇 안 되는 깨달은 선지식 중에서 유일하게 도심에서 우리 전통불교를 대변하는 임제종을 잇는 참선을 포교했던 선사였다. 그리고 백용성은 항일 민족운동을 벌인 민족불교의 성지인 대각사를 창건하였고 이곳에서 대각교운동을 벌였다. 그는 대각교운동을 대각사를 중심으로 추진하였다. 즉 읽기 쉬운 불교경전의 간행, 그리고 국내외 포교당 그리고 화과원 등에서 전통불교 포교 활동 및 참선 수행 등을 끊임없이 전개해 나갔다.

제1절 시대적 배경

조선은 1876년 강화도 조약 체결 후 서양의 문물과 사상을 받아들였다. 이때 서울의 사대문四大門 안에는 외국 선교사는 물론 일본 각 종파의 스님들이 들어와 포교를 했다. 그러나 조선시대의 스님들은 1623년에 시행된 스님들의 도성 출입을 금지하는 법에 따라 도성에 출입할 수 없는 상황이었다.[2] 마침내 1895년 도성 출입 금지령은 300여 년 만에 해제되어 스님들도 수도 경성에서 포교의 자유를 갖게 되었다.[3]

---

2 서울특별시 시사편찬위원회, 앞의 책, p.75.

3 한태식(보광), 「龍城스님의 前半期의 生涯」, 『大覺思想』 창간호, 대각사상연구원, 1998, p.29.

급변하는 시대상황 속에서 불교가 중흥 및 발전의 기회를 맞는 시기라 할 수 있다.[4]

조선은 1910년 일본에 의해서 강제로 나라를 빼앗겼다. 이 시기에 일본은 한국불교계에 말로 다 표현할 수 없는 갖가지 억압을 저지른다. 그 당시 조선에서는 유생들이 주도하여 일본에 대항하는 의병운동이 전국적으로 일어나고 있었다. 스님들은 산사에서 의병들에게 식량과 숙소를 제공하는 등 다양한 도움을 주었다. 이 과정에서 일제는 전국에서 활동하는 의병들을 근절한다는 이유로 수많은 천년 고찰들을 불태워 버린다.[5] 의병운동에 대해 일제는 초토화 작전을 전개해 수많은 마을을 불질렀으며 전국의 사찰과 스님들의 피해도 또한 엄청났다.[6] 또 조금이라도 의심이 가는 스님들은 모조리 체포하여 구금했다.[7]

그 무렵 일본 조동종의 승려인 다케다 한시(武田範之)는 조선 원종과 합종을 시도한다. 다케다 한시는 1894년 동학농민전쟁이 발발했을 때 일본 극우 단체인 현양사玄洋社의 낭인浪人들이 주축이 된 천우협天佑俠이라는 단체를 조직한 인물이다.[8] 다께다는 사실 1895년 조선의 왕비 명성황후를 살해하는 데 가담했던 바로 그 승려였다.[9]

또한 그 당시 개항 이후 한국불교계는 일제 식민지의 불교 정책인

---

4 김광식, 「백용성의 독립운동」, 『大覺思想』 창간호, 대각사상연구원, 1998, p.2.
5 박희승, 『이제 승려의 입성을 허함이 어떨는지요』, 들녘, 1999, pp.222~226.
6 위의 책, p.228.
7 위의 책, p.227.
8 김순석, 『일제시대 조선총독부의 불교정책과 불교계의 대응』, 景仁文化社, 2003, p.35.
9 서울특별시 시사편찬위원회, 앞의 책, p.81.

승려의 대처식육帶妻食肉 문제에 직면한다. 특히 일본불교가 주도한 승려 결혼(대처)은 한국불교계가 1,700년 동안 지켜왔던 청정 비구의 전통을 파계한 것에만 국한되지 않는다. 왜냐하면 이것은 가족을 거느린 승려들이 그들의 가족을 부양하기 위해 조선 사찰을 경제적으로 침탈하기 시작했기 때문이다. 그래서 주지 쟁탈전, 부정 사건, 파쟁 사건의 근원이 되었다.[10] 이는 전통 한국불교의 지속적인 분란의 원인이 되었다. 이렇듯 일본은 조선을 식민지로 삼기 위해 온갖 일을 저질렀고, 한국 전통불교를 몰락시키기 위해서 온갖 정책을 펼쳤다. 때문에 이 시기는 한국 전통불교 수호라는 절박한 사명을 부여받은 시기였다.[11]

백용성(1864~1940)은 14세에 출가하여 19세에서 23세에 이르기까지 4차에 걸쳐 깨달음을 증득했다. 백용성 선사는 화두참구로 대각大覺을 증득하고 경전 열람으로 깨달음을 확인했다.[12] 그리고 선사는 자신의 깨달음을 사회로 회향하게 되는데, 1911년 백용성이 산사를 떠나 도시로 나가게 되는 데는 혼란했던 그 당시의 시대상황과 무관하지 않다. 왜색불교가 성행하는 가운데 전통 한국불교의 정신을 담고 있는 참선을 알리며 대중들에게 불교를 널리 전파하기 위한 고민의 산물이었다. 또한 나라를 잃은 백성들의 아픔을 달래기 위해서 백용성

10 김광식, 「1926년 불교계의 帶妻食肉論과 白龍城의 建白書」, 『한국독립운동사연구』 11, 독립기념관 한국독립운동사연구소, 1997, p.220.

11 김광식, 「백용성의 독립운동」, 『大覺思想』 창간호, 대각사상연구원, 1998, p.2.

12 한보광 스님, 「백용성 스님의 大覺證得과 點檢에 관한 연구」, 『大覺思想』 11, 대각사상연구원, 2008, p.208.

이 경성으로 상경한 결단은 당연한 일이었다. 그 시대의 불교계 내부에서는 포교, 승려 생활 등 모든 문제에서 보수와 진보의 갈등이 첨예하게 벌어지고 있었다.[13] 백용성은 서양종교와 왜색으로 짙어가는 한국불교로부터 우리의 전통 한국불교를 수호하고, 대중들에게 포교하기 위해서라도 사람들이 많은 도시로 상경하였다. 이는 끊임없는 수행과 '대각'을 이룬 후 보살행을 실천하려는 백용성의 의지를 엿볼 수 있는 대목이라 보겠다.

한편 시대적 상황을 유의하면서 조선불교의 위치를 더욱 자세히 살펴보겠다. 1910년 전국의 각 사찰은 함께 의논하여 서울 전동(현 수송동)에 각황사覺皇寺를 신축했다. 그리고 각황사를 한국불교 중앙 포교소로 삼았다.[14] 각황사는 조선시대 숭유억불의 암울한 시대를 거치면서 근대 도시에 설립된 최초의 사찰이었다.

각황사는 1937년 지금의 조계사를 지을 때까지 조선불교계의 총본산 역할을 하였다. 은둔불교에서 대중불교로, 산중불교에서 도시불교로 전환하는 일대의 계기를 만들었다.[15] 1902년 조선 정부의 배려로 불교계는 경성의 사대문 중의 하나인 동대문 밖에 원흥사元興寺를 세운다. 그곳에서 1908년 이회광(李晦光, 1862~1932)을 비롯한 조선 각도 사찰 대표 스님 52인은 300여 년 만에 최초의 종단인 원종圓宗을 창종한다.[16]

---

13 김광식, 앞의 논문, p.2.

14 김순석, 『백년 동안 한국불교에 어떤 일이 있었을까?』, 운주사, 2009, p.50.

15 박희승, 『이제 승려의 입성을 허함이 어떨는지요』, p.252.

16 위의 책, p.244.

원종은 정부로부터 인가를 받으려 노력했지만 결국은 받지 못했다. 1910년 8월 29일, 결국 조선은 일본에 강제로 병합되는데 여기서 다시 전국 각 사찰의 대표들은 원종의 진로 문제를 논의하게 된다. 같은 해 1910년 10월 원종 종정인 이회광[17]은 일본으로 건너가 원종 종무원 인가를 받기 위해서 일본 조동종曹洞宗과 연합 7개조를 체결한다. 그리고 한국에 건너온 조동종 특사와 함께 원종 인가를 청원하지만, 인가를 받지 못한다. 여기에서 조동종과 체결한 연합 7개조 전문이 누설된다.[18]

---

17 이회광은 범해 각안이 저술한『동사열전』에 맨 마지막으로 수록된 선사였다. 그러나 현재 그는 '일제시대 불교계의 이완용'으로 불리고 있다. 이회광은 처음에는 계율을 엄정히 지킨 율사이면서 선사로도 불렸으니 계·정·혜 삼학을 두루 갖춘 당대에 보기 드문 수행자였다고 한다. 김순석, 앞의 책, p.54.

18 1910년 원종과 일본 조동종은 연합조약 7조를 체결하였다. 양측이 체결한「원종 조동종 연합 7조」의 골자는 결국 원종이 일본으로부터 법적인 인가를 획득하는 것과 조동종 포교를 위해 한국 사찰을 자유로이 사용할 수 있도록 되어 있다. 이 계약 전문은 동년 12월경 전 불교계에 공개되었다. 1911년 봄부터 사람들은 원종 지도부가 한국불교를 일본 조동종에 팔아 넘겼다고 규탄하기 시작했다. 그리고 원종과는 별도로 한용운 등 범어사 스님들은 임제종臨濟宗을 세워 조선의 불교 전통을 계승하고자 하였다.

一. 조선 전체의 원종 사원寺院 대중은 조동종과 완전하고 영구히 연합 동맹하여 불교를 확장할 것.

一. 조선 원종종무원은 (일본) 조동종원曹洞宗院에 고문을 위촉할 것.

一. 조동종무원은 조선 원종종무원의 설립인가를 얻게 하는 알선의 노력을 취할 것.

一. 조선 원종종무원은 조동종의 포교에 대하여 상당한 편리를 도모할 것.

一. 조선 원종종무원은 조동종무원에서 포교사 약간 명의 인원을 초빙하여 각

전문 내용에 의해서 전국 사찰에서 비판이 고조되고 1911년 한용운(韓龍雲, 1879~1944)·박한영(朴漢永, 1870~1948) 등 호남 출신의 300여 명에 달하는 스님들은 순천 송광사에서 회동한다. 그리고 원종에 대항하여 임제종臨濟宗 종무원의 창립을 결의했다. 그리고 1912년 봄, 경성 대사동(현 인사동)에 임제종 중앙포교당中央布敎堂을 개설하였다. 그리고 당시 선원에서 가장 존경받는 선사 중의 한 분이었던 백용성은 개교사장開敎師長, 즉 포교 책임자라는 막중한 직책을 갖고 임제종 중앙포교당 개교식開敎式에서 설교를 하였다.[19] 이것은 두 가지 큰 의미를 갖는다고 본다. 하나는 중앙포교당의 개설은 일본 조동종에 매종 행위를 한 원종에 대항한다는 것이고, 다른 하나는 한국불교의 전통을 잇고 우리 민족정신을 지킨다는 것이다.

한편 일본은 한국불교를 장악하기 위해 제정한 8개조의 사찰령寺刹令을 1911년에 발표한다.[20] 일본은 사찰령 하에 조선불교에 대한 통제와 간섭을 철저하게 구현하였다. 그리고 전통 한국불교를 대처식육帶

수사首寺에 배치하여 일반 포교 및 청년 스님의 교육을 촉탁하고 또 조동종무원이 필요하여 포교사를 파견할 때에는 조선 원종종무원은 조동종무원이 지정하는 땅의 수사首寺나 사원에 숙소를 정하여 일반 포교 및 청년 승려 교육에 종사케 할 것.

一. 이번의 동맹 체결은 쌍방의 뜻이 맞지 않으면 폐지, 변경 혹은 개정할 수 있음.

一. 이번의 동맹 체결은 관할처의 승인을 얻는 날로부터 그 효력이 발생함.

출처: 현대불교신문(http://www.hyunbulnews.com) (2021. 3. 2. 검색)

19 김택근, 『용성평전』, 모과나무, 2019, pp.277~280.

20 이능화, 『조선불교통사』, 이병두 역주, 혜안, 2003, pp.249~256.

妻食肉을 묵인, 권유하는 일본식 불교로 만들어 한국불교를 세속화시켰다.[21] 1,700년 전통을 자랑하는 한국불교에 왜색불교가 침투하게 된 것이다.[22] 한국불교를 왜색불교로 만들기 위한 간섭의 일환으로 일제 총독부는 원종 이회광 스님과 임제종 한용운 스님을 소환하여 원종과 임제종 간판을 철거하라고 명령하여 양종兩宗은 1912년 6월에 간판을 내리게 된다.

앞에서도 살펴보았듯이 조선 말, 의병이 일어났을 때 일본은 의병들이 숨어 있는 수많은 천년 고찰들을 불태워 버리는 등 한국 전통불교를 파괴하기 위해 수많은 만행을 저질렀다. 그리고 야만적인 사찰령의 통제를 받았던 열악한 상황 속에서 백용성은 그가 주창한 대각사상을 통하여 일본불교에 맞서 수도 서울에서 참선을 포함한 다양한 방식의 포교 활동을 펼쳐 나갔다. 화두 타파로 깨달음을 증득한 백용성의 수행력修行力이 없었다면 결코 이루어낼 수 없는 행보였다.

제2절 백용성의 생애

1. 1911년 상경 이전[23]

백용성은 1864년 음력 5월 8일 지금의 전라북도 장수군 번암면 죽림리

---

21 신지견, 『25+10=X 3·1독립』, 불교신문사, 2018, p.235.

22 위의 책, p.175.

23 『백용성 대종사 총서』 1에 수록된 「용성선사어록」의 내용을 참고하여 백용성의 생애를 깨달음을 중심으로 정리하였다.

에서 호는 정신재靜愼齋, 시호는 충숙공忠肅公인 백장白莊의 제20세손으로 태어났다. 본관은 수원이고 백남현의 큰아들로 태어났다. 어머니는 본관이 밀양이다.[24] 백용성의 출생과 유년 시절을 보면 그가 불교와 깊은 인연을 맺고 있음을 알 수 있다. 용성의 어머니는 태몽으로 찬란한 법복을 입은 한 스님이 입실하는 모습을 꿈꾸었다고 한다. 어려서부터 말이 없었던 백용성은 비린내 맡기를 싫어하였고, 여섯 살 때는 아버지를 따라 낚시를 가서는 살아있는 물고기를 보면 모두 놓아주었다고 한다.[25]

백용성의 타고난 성품이 또한 무척 자비로웠음을 알게 해주는 한 일화가 있다. 그의 집에 일하는 사람의 아우가 무척 아팠다고 한다. 사람들은 전염병으로 의심하여 아무도 돌봐주지 못했다고 한다. 그렇지만 당시 5세였던 어린 용성은 아무도 몰래 그 아픈 아우를 밤마다 찾아갔다고 한다. 그리고 음식을 주며 돌봐주어 마침내 살려냈다고 한다. 그의 자비로운 성품뿐만 아니라 생명의 고귀함에 대한 태도를 어릴 때부터의 행동으로 알 수 있다.[26]

백용성은 여덟 살의 나이에 이미 출가한 스님과 벗하기를 항상 원하였는데 한 선비의 시구를 듣고 마음이 기쁘고 숭고한 기분을 느꼈다고 한다.[27] 아홉 살에는 팔죽선에 관한 시詩를 짓고 동네 어린이

---

24 「용성선사어록」, 『백용성 대종사 총서』 1, 대한불교조계종 대각회, 2016, p.39.

25 「용성선사어록」, 앞의 책, 2016, p.40.

26 김광식, 『용성』, 민족사, 1999, pp.16~17.

27 「용성선사어록」, 앞의 책, p.40, “庚午是歲에師八歲니一日에從書生하야聞聞有胡僧이在太白하니蘭若去天이三百尺이로다此僧年紀那得知오手種青松今十圍

들이 꽃을 따는 것을 보고도 시를 짓는 등 어린 나이 때부터 정신적으로 크게 성숙함을 보였다.[28]

그런 백용성은 1877년 14세에 남원의 교룡산성에 있는 덕밀암에 출가한다. 그렇지만 부모에 의해 강제로 집으로 돌아오게 된다. 다시 백용성은 1879년 16세에 화월華月 화상을 은사로, 혜조慧造 율사를 계사로 사미십계를 받고 해인사 극락암에서 정식으로 재출가한다. 그리고 23세에 이르기까지 크게 네 번에 걸쳐 깨달음을 경험한다.[29] 여기서 『용성선사어록』에 나타난 백용성의 깨달음의 과정을 살펴보고자 한다.

백용성은 16세에 해인사에서 재출가 후 1880년 17세에 의성군 고운사로 수월水月 장로를 찾아간다. 처음으로 만난 수월 장로에게 백용성은 생사의 일대사가 무상한데 어떻게 견성할 수 있는지 방법을 묻는다.[30] 수월 화상께서는 마魔는 강하고 불법은 미약한데 업장業障이 크고 선업善業은 적어 제거하기가 어려우니, 「천수대비주」를 부지런

之詩句하고心甚欣然하야感覺淸高之氣味하고常願從如是塵外之師友러라."
"듣건대 어떤 西域僧이 태백산에 있는데 阿蘭若는 하늘에서 3백 자 떨어져 있구나. 이 서역승이 몇 살인지 어떻게 알 수 있겠는가. 손수 심은 푸른 소나무가 이제 열 아름이 되었구나!"

28 「용성선사어록」, 앞의 책, pp.40~41, "壬申是歲에師九歲니賦八竹扇詩曰大撓八竹扇하니借來洞庭風이로다. 又見村童이摘花하고賦之曰摘花手裏動春心이라하니라."

29 김정희, 「백용성의 생애와 불교개혁론」, 『불교평론』 12, 현대불교신문사, 2010, 12, p.361.

30 「용성선사어록」, 앞의 책, p.41, "過數月後에往義城郡孤雲寺하야首謁水月長老하고問生死大事하며無常이迅速하니如何見性이닛고?"

히 염송하면 업장이 소멸되어 심광이 일어날 것이라고 강조했다. 그리고 백용성은 이때부터 기도와 염송을 잠시도 멈추지 않았다.[31]

1882년 백용성이 19세가 되던 해 경기도 양주군 보광사 도솔암에서 수행했다. 이때 그는 모든 만물이 근원이 있는데 소위 사람의 근원은 무엇인가라는 의심이 저절로 일어났다. 그리고 계속해서 의심하며 이와 같은 의정疑情이 6일째에 이르자 일념一念이 마치 칠통 밑이 빠져 버리는 것과 같았는데 이를 말로 표현할 수도 마음으로 헤아릴 수도 없었다고 한다. 백용성의 1차 깨달음이다.[32]

백용성은 1차 깨달음을 얻고 1883년 금강산의 표훈사에서 무융無融 선사로부터 무자화두無字話頭 참구를 권유받는다. 그리고 다시 양주군 보광사 도솔암에서 무자화두 수행 중 2차 깨달음을 얻는다.[33] 같은 해에 백용성은 그의 나이 스물한 살에 경상남도 양산군 불보종찰 통도사 금강계단에서 선곡禪谷 율사로부터 비구계와 보살계를 수지한다. 선곡 율사는 조선 중기의 환성지안喚醒志安 선사의 법맥을 이은

---

31 「용성선사어록」, 앞의 책, p.42, "水月和尙曰去聖時遙에魔强法弱하며宿業障重하야善弱難排니誠禮三寶하며勤誦大悲神呪하면自然業障消滅하고心光透漏하리라. 自此로不輟禮誦하다."

32 「용성선사어록」, 『백용성 대종사 총서』 1, p.42, "後至楊州郡普光寺兜率庵하야忽然自疑云山河大地와萬像森羅가皆有根源이라. 所謂人者는以何로爲根고更疑我此覺知之根이在甚處오? 又念從甚處起오? 如是疑情이至第六日하야一念子如桶底脫相似하야不可口議心思也러라. 頌曰 五蘊山中尋牛客이獨坐虛堂一輪孤를方圓長短誰是道오一團火炎燒大千이로다."

33 「용성선사어록」, 앞의 책, p.43, "頌曰 排雲攫霧尋文殊타가 始到文殊廓然空을色色空空還復空이오 空空色色重無盡을."

선사로, 이로서 백용성은 환성지안 선사의 법맥을 잇게 된다.

> 통도사로 간 그는 금강계단에서 선곡 율사에게 비구계와 보살계를 받는다. 그런데 선곡 율사는 지리산 칠불암七佛庵의 대은大隱 율사로부터 이어져 온 정통 계맥을 지닌 승려였다. 조선시대에 계율에서는 대은大隱, 금담錦潭, 초의艸衣, 범해梵海, 선곡禪谷 등으로 이어져 계맥을 인정하였다.[34]

그리고 백용성은 지리산 금강대에서 동안거를 수행하고 1885년 그의 나이 22세에 송광사 삼일암에서 『전등록傳燈錄』을 열람하다가 제3차 깨달음을 얻게 된다. 이때 백용성은 일면불월면불日面佛月面佛 화두話頭와 무자화두無字話頭의 근본 뜻이 분명해졌다고 한다. 해인사로 돌아온 그는 그의 깨달음을 게송으로 읊었다.[35] 마침내 백용성은 23세가 되는 1886년 9월 송광사 삼일암으로 돌아와 하안거를 마치고 구미의 낙동강을 건너면서 하나의 게송을 읊는다. 4차 깨달음이다.

---

34 이능화 『조선불교통사』(6) 하편, 동국대출판부, 2010, p.207.

35 「용성선사어록」, 앞의 책, p.44, "師年二十一歲에梁山郡佛寶宗刹通度寺金剛戒壇에서依禪谷律師하야受比丘戒及菩薩戒하니此則七佛庵大隱律師의正脈也니라. 上智異山金剛臺하야冬安居하고至順天郡漕溪山松廣寺三日庵하야夏安居하다餘暇에披閱傳燈錄이라가至月似彎弓하고小雨多風處하야忽然打失臭孔하니日面佛月面佛話와無字話意旨가煥然明白이라. 還歸海印寺할새 頌曰 伽倻名價高靑丘, 明心道師幾往來. 矗矗奇巖疊鱗高, 密密柏樹相連靑. 無限白雲滿洞鎖, 洪鐘轟轟碧空衝. 回首看山醉流霞, 倚樹沉眠日已斜."

금오천추월金烏千秋月 금오산에 천년의 달이오
낙동만리파洛東萬里波 낙동강에 만리의 파도로다
어주화처거漁舟何處去 고기 잡는 배가 어느 곳으로 갔는고
의구숙로로依舊宿蘆花 옛날과 같이 갈대꽃에서 잠자도다.[36]

백용성은 송광사 감로암에서 호붕湖鵬 강백講伯에게 『대승기신론』과 『묘법연화경』을 배운다. 그 뒤에는 지리산 상선암上禪庵에서 수행 후 곡성군 태안사 수경水鯨 강백으로부터 『선요』와 『서장』을 배운다. 상무주암에서 동안거를 마친 후 석교石橋 율사에게서 『범망경』과 『사분율』을 또한 배운다. 백용성은 33명의 대중들과 청화산에서 하안거를 지낸다. 그리고 다시 송광사 호붕 강백에게서 『화엄경』을 배운다. 해인사 월화月華 강백에게서 『선문염송』을 배우고, 대승사 월화 강백에게서 『화엄경』의 「십지품」과 『치문』을 배운다. 백용성은 또한 여러 선사들과 법거량을 하였다. 이렇듯 백용성은 대각大覺을 증득한 후 경전을 탐독하고 공부하며 여러 선사들과 법거량을 통해 자신의 공부를 재점검하고 선지를 더욱 깊게 다져 나갔다.[37]

---

36 「용성선사어록」, 앞의 책, p.47, "更還曹溪山松廣寺三日庵하야夏安居了하고秋九月에過洛東江時에偶然頌曰 金烏千秋月, 洛東萬里波. 漁舟何處去, 依舊宿蘆花."

37 「용성선사어록」, 앞의 책, pp.45~47, "後還松廣寺甘露庵하야依湖鵬講伯하야看起信法華了하다. 後與禪伯三十三人으로過夏于智異山上禪庵하고依谷城郡泰安寺水鯨講伯하야看禪要書狀하고往上無住하야冬安居하고依淸華山石橋律師하야聽受梵網經四分律하고共三十三道友로夏安居于此山하고更依松廣寺湖鵬講伯하야華嚴經을看了하고依海印寺月華講伯하야看拈頌하고依大乘寺月華講

백용성은 1910년 지리산 칠불선원의 종주宗主로 있었다. 그곳에서 용성은 『귀원정종歸源正宗』을 저술하였다. 『귀원정종』은 그 구성이 전반부는 서양 종교와 유교의 불교 비판에 대한 반박이며, 후반부는 불교 기본 교리를 설명하고 있다. 이것으로 미루어 보면, 그때 백용성은 『귀원정종』을 통해 포교의 대상을 스님들뿐만 아니라 일반 신도들도 포함시켰음을 알 수 있다.[38] 스님들에게는 불교의 기본 교리를 설명할 필요가 없기 때문이다. 그러므로 이 책을 저술한 연유를 통해 도심으로 나와 대중포교를 하기 위한 준비를 하고 있었음을 합리적으로 추론할 수 있다.

마침내 용성은 1911년 당시 수도인 경성으로 올라와 본격적인 도심에서의 불교 포교를 단행한다. 그 당시 도시에서의 포교 활동은 불교를 중흥시키기 위한 하나의 필요 과정이었다고 볼 수 있다. 그리고 백용성이 상경하기 전까지 주력·참선·간경 특히 참선 수행을 통한 자리행自利行을 했다면, 이제부터는 백성들의 아픔을 달래고 백성들이

伯하야看華嚴十地하고兼學緇門하다.

①一日에講主和尙이問云驢事未去에馬事到來意旨作麽오? 師答云長安大道亂如絲하니人去人來終不休니라.

②護明禪師問曰明明百草頭에明明祖師意라하니作麽生會오? 師云四佛山中에花紅柳綠하니任君遊去하노라.

③又問如何是露地白牛오? 師云兩角四足이甚分明하노라.

④又問如何會得고? 師云用會作麽오.

⑤往金溝郡龍眼臺하야參道植禪師하니一日에問曰汝見臨濟老漢麽아? 師喝한대道植이便棒하다. 師又喝한대道植이又棒하다師不覺起來云這老漢이一場敗闕了也라하고拊掌呵呵大笑하다."

38 김광식, 『용성』, 민족사, 1999, p.82.

부처님의 말씀을 듣게 하는 이타행利他行을 실천하게 된다. 그리고 그의 이타행에는 그의 평생에 걸친 선수행이 그를 정신적으로 끝까지 뒷받침해 주었다.

2. 1911년 상경 이후

상경 후 백용성의 활동은 크게 도회지 참선포교, 대각사 창건, 독립운동, 역경 활동 등으로 나눌 수 있다. 여기에서는 상경 후 백용성의 활동을 간략히 제시하고자 한다.

백용성은 1911년 『귀원정종』을 저술한 후 경성으로 상경한다. 그 당시는 오랜 기간 조선의 숭유억불 정책으로 다른 종교들의 교세와는 비교가 될 수 없을 정도로 불교의 대중포교 활동은 열악한 상황이었다. 단적인 예로 도성 안에는 사찰이라고는 각황사覺皇寺 하나 밖에 없었다. 용성은 당시의 이러한 상황을 그의 저서 『조선글 화엄경』의 「저술과 번역에 대한 연기」에서 이렇게 밝히고 있다.[39]

> 이듬해 신해년(1911) 2월 그믐에 경성에 들어와서 시대사조를 관찰해 보니, 다른 종교에서는 곳곳마다 교당을 설립하고 종소리가 쟁쟁하며 교중敎衆이 교당에 가득한 것을 보았다. 그런데 우리 불교에서는 각황사 하나만이 있을 뿐이고, 더욱이 우리 선종에서는 한 명도 선전하는 것을 볼 수가 없는 것이 한탄스러워 즉시 임제

39 백용성, 「저술과 번역에 대한 연기」, 『백용성 대종사 총서』 6, 대한불교조계종 대각회, 2016, p.449.

선사가 삼구로 교화한 것을 본받아서 종지를 거량하였을 따름이었다.[40]

백용성은 1911년 서울 대사동의 한 신도인 강씨姜氏 집에서 대중을 대상으로 선회를 개설한다. 3개월이라는 짧은 시간이었지만 수백 명의 신도들이 모여들었다. 백용성은 이에 서울 도심포교에 자신감을 얻어 당시로서는 최초의 민가 포교당을 개설하였다.[41] 이렇듯 백용성은 본격적으로 일반인들을 대상으로 불교포교 활동에 나선다. 그리고 이것은 임제종 중앙포교당 및 조선선종朝鮮禪宗 중앙포교당中央布敎堂의 개교사장開敎師長으로 구체화되었다. 그 후에는 독자적으로 선종임제파강구소, 대각사를 건립하고 운영하였다.[42]

이러한 노력은 1925년 망월사에서의 한국 전통불교의 중흥으로 상징되는 만일참선결사회萬日參禪結社會에서 확연히 드러났다. 이 결사회는 오후불식午後不食·장시묵언長時默言·동구불출洞口不出이라는 수행방법과 전통계율을 수호하는 가운데 만일참선결사회 도량道場을 열어 참선 정진을 지도하였다.[43] 이러한 결사의 취지는 당시 불교계의 전통 선禪에 대한 미약함에서 나온 것으로 선의 전통을 회복하여

---

40 위의 책, p.449.

41 한태식(보광), 「백용성 스님의 대중포교 활동」, 『大覺思想』 6, 대각사상연구원, 2006, p.59.

42 문선희(정수), 「禪修行의 대중화에 대한 一考」, 『大覺思想』 13, 대각사상연구원, 2010, p.65.

43 「용성선사어록」, 앞의 책, pp.352~353, "暗思我佛의以戒爲師之囑하고禪律을幷運而立規가甚嚴하니午後不食과長時默言과洞口不出이諸規新造中難關이요."

선수행을 대중화하는 데 있었다.[44]

1916년 백용성은 그의 대각사상과 민족의 독립을 위한 활동 그리고 대중포교 활동의 거점이 되는 서울시 종로구 봉익동 1번지에 위치한 대각사를 창건하였다. 또한 백용성은 1921년에는 삼장역회三張易會를 출범시켜 수많은 역경사업, 『한글 대각교 의식집』을 포함한 활발한 저술 활동을 하여 불교포교 활동에 매우 큰 영향을 주었다. 불교계 독립운동의 중심지, 역경사업과 저술사업의 장, 저항으로서의 대각교 선포의 장, 그리고 대중포교를 위한 중심이 되는 장場으로서 대각사의 역할을 볼 수 있다.[45]

한편 백용성은 민족대표 33인 중 한 사람으로 1919년 3·1 독립운동의 독립선언에 참가하였다. 그리고 그 연고로 서대문 감옥에 수감되었다. 징역 1년 6개월의 수감생활을 마친 백용성은 출옥 후 삼장역회를 출범시켜 수많은 역경사업과 저술 활동을 벌이며 불교포교 활동에 큰 영향을 주었다. 그리고 그는 선禪포교 활동으로 선 관련 전적典籍의 번역과 저술에 많은 비중을 두었다.[46] 그런데 그의 역경에 대한 열정, 실천은 우연이 아니었다.

여기에서 백용성의 역경과 관련해서 꿈과 관련된 일화를 소개한다. 1877년 음력 10월 보름으로 백용성의 나이 14세였다. 그때 꿈속에 계신 한 부처님이 백용성의 정수리를 만지시고 백용성의 오른손을

---

44 문선희(정수), 앞의 논문, p.65.

45 허정선, 「백용성과 대각사 연구」, 『大覺思想』 34, 대각사상연구원, 2020, p.68.

46 문선희(정수), 「禪修行의 대중화에 대한 一考」, 『大覺思想』 13, 대각사상연구원, 2010, p.61.

쥐고 몸소 금 손가락으로 백용성의 손바닥에 '이耳' 자를 쓰시고 큰소리로 "내가 정녕하게 너에게 부촉하니 너는 명심하고 잊지 말라"라고 말씀하셨는데 깨어 보니 꿈이었다.[47] 그리고 거의 30년이 흐른 후 1910년 백용성은 또다시 꿈을 꾼다. 꿈속에서 여러 부처님이 앉아 계셨는데 백용성을 부르시며 "너는 어찌하여 전날에 정녕한 부촉을 잊었는가?"라고 말씀하셨다.[48] 백용성은 꿈에서 깨어난 후 경전을 번역하겠다는 발원을 하고 역경을 시작하였다고 한다.[49] 백용성은 그 직후로 역경과 저술을 만여 부나 했다고 하니, 백용성의 몽불수기夢佛授記에 관한 기록(사몽불수기록師夢佛授記錄)에서 보듯이 사람의 힘으로 했다고 보기 힘든 일이다.[50]

한편 백용성은 1926년에 전통불교를 수호하기 위해 그와 뜻을 같이 한 100여 명의 승려와 함께 대처식육을 금지하는 건백서를 일본 총독부에 두 번이나 제출하였다. 즉 백용성은 일제 식민지 불교 정책에

47 「용성선사어록」, 『백용성 대종사 총서』 1, pp.365~366, "佛紀二千九百四年丁丑師年十四歲冬十月望間師丨偶得一夢紅色雄鷄數十餘首舒頭相鳴其聲淸雅日月明朗心中歡喜忽進南方五十里許有一山而景致佳麗之中惟有一庵入其聖殿卓上諸佛列坐歡喜其中左便坐佛呼師向前擧其金色手而摩頂握師右手親以金指書咡字于師掌大聲曰我今叮嚀咐囑于汝汝銘心不忘云言畢覺之乃一夢也."

48 「용성선사어록」, 앞의 책, p.366, "佛紀二千九百三十七年庚戌師年四十七歲師丨夢入一聖殿內諸佛列坐呼師向前曰汝豈忘前 日叮嚀之囑乎."

49 「용성선사어록」, 앞의 책, p.366, "師聞而覺之思量夢事忽發譯經之意卽爲譯經."

50 「용성선사어록」, 앞의 책, p.366, "師聞而覺之思量夢事忽發譯經之意卽爲譯經次時有東國第一禪院虎隱長老應海禪師極力勸請師已豫料不爲辭讓卽時譯經着手著述譯經自始作而至於吾道覺萬餘部玆以大慈悲心廣布各處爲度衆生四方看經者一不親見願見者甚多矣留此夢事觀之師譯經之事非人力强作也."

대한 단호한 저항으로 1926년 1차, 2차에 걸쳐 대처식육을 반대하는 내용의 건백서를 조선총독과 내무성에 제출했다.[51]

그러나 이 건백서가 제시한 내용들은 받아들여지지 않았다. 그러자 백용성은 불교를 완전히 개혁하기 위해서 기존 교단을 탈퇴하고, 불교라는 명칭을 대각교로 바꾼다. 비록 그 명칭은 1938년 조선불교선종총림朝鮮佛教禪宗叢林으로 전환되지만 백용성은 1927년 대각교를 선포하기에 이른다.[52] 그리고 그 다음해인 1928년에는 대각 일요학교를 대각사에 설립하여 어린이 포교까지 포함한 도심에서의 불교 대중 포교에 더욱 힘쓴다.[53] 백용성은 1940년 입적하는 그 순간까지 우리나라 근대 사회에서 산중이 아닌 도심에서 불교를 널리 포교하여 불교 역사에 길이 남을 큰 공헌을 하였다.

제3절 민족운동

1. 백용성과 3·1 독립운동

백용성은 한용운과 함께 3·1 독립운동 기념식에 참석하여 독립선언의

---

51 김광식, 「1926년 불교계의 대처식육論과 白龍城의 建白書」, 『한국독립운동사연구』 11, 독립기념관 한국독립운동사연구소, 1997, p.201. 1차·2차 건백서는 뒤에 자료로 첨부함.

52 김광식, 『용성』, 민족사, 1999, p.178, p.263.

53 한태식(보광), 「백용성 스님의 청소년 포교에 관한 연구」, 『大覺思想』 8, 대각사상연구원, 2005, p.50.

의지를 표방했다. 그리고 일본 경찰에 체포되어, 징역 1년 6개월을 선고받았다. 1910년대의 한국불교계의 3·1 운동에 대한 인식은 그리 호의적이지 않았다.[54] 교단의 지도부라고 불릴 수 있는 30본사 주지들과 많은 승려들은 3·1 운동에 가담하는 것을 불온하게 생각하였다.[55] 이것은 3·1 운동을 주도한 민족대표 33인 가운데 불교계를 대표하는 사람은 임제종 운동에 참여한 한용운과 백용성 2명뿐인 것을 보아도 짐작할 수 있다. 3·1 운동을 주도한 민족대표 가운데 천도교가 15명, 기독교 16명인 것과 비교했을 때 훨씬 적은 수인 것만은 틀림없다.[56] 그러니 조선총독부도 그 당시 불교계를 크게 위험한 세력으로 인식하지 않았을 수도 있었다.

한용운과 백용성이 3·1 운동에 적극적으로 참여하게 된 것은 한국불교를 수호하기 위해 전개된 임제종 운동과 연결되어 있다. 임제종 운동은 친일 성향인 원종의 매종賣宗 행위를 저지하면서, 나아가 3·1 운동과 1920년대 초반 불교계 개혁세력으로 변모하게 된다.[57]

한편 3·1 운동 이전 불교계는 국내 사찰 현행세칙을 공포하고 1908년에는 원종圓宗이라는 종단을 성립시키고 종정으로 이회광李晦光을 선출하였다. 그리고 인재를 양성하기 위해서 명진학교明進學校를 설립

---

54 김순석, 『일제시대 조선총독부의 불교정책과 불교계의 대응』, 景仁文化社, 2003, p.93.

55 위의 책, p.96.

56 독립운동사편찬위원회, 『獨立運動史資料集』 6, 1984, pp.595~596.

57 김순석, 『일제시대 조선총독부의 불교정책과 불교계의 대응』, 景仁文化社, 2003, p.40.

하였다.[58] 종정 이회광은 일본 조동종 승려 다케다 한시(武田範之)를 원종 고문으로 추대하였다. 다케다는 1895년 을미사변乙未事變에 가담하여 구금되어 일본으로 송치되어 히로시마 감옥에 투옥되었다가 무죄로 방면되기도 한 인물이다.[59]

원종 종정인 이회광이 일본에 가서 일본 조동종과 맺은 「연합맹약」의 주요 내용은, 조동종은 원종이 조선총독부로부터 설립인가를 받는데 도움을 준다고 했다. 그러나 원종의 모든 사항에 조동종이 영향력을 행사할 수 있는 계기가 되었다. 맹약 내용에 의거하면 원종은 조동종에 원종 측의 의견을 제기할 수 있는 통로가 희박하였다.[60] 원종과 조동종이 맺은 「연합맹약」은 모양만 연합이었지 원종을 조동종에 복속시키는 것이었다. 결국 이 「연합맹약」은 매종 행위에 지나지 않았고 1910년 12월쯤에 우연하게 통도사에 전해져 불교계에 알려지게 되었다. 이 소식을 전해들은 한용운韓龍雲·박한영朴漢永·진진응陳震應 등은 이러한 매종 행위를 저지하려고 하였다. 그해서 경상도와 전라도에 있는 사찰에 통문通文을 돌렸다. 이들은 1911년 1월에 송광사松廣寺에서 승려대회를 열어 임제종을 등장시켰다.[61]

원종은 개항기 근대 최초의 불교종단이었다. 그러나 종정 이회광은 일본이 우리의 불교계를 장악하고 민족을 말살하려는 의도는 모른

---

58 위의 책, p.35.

59 위의 책, p.35.

60 위의 책, p.37.

61 『東亞日報』 1920. 6. 28, 「佛敎改宗問題(五)」 '先何心後何心', 1910년 10월 15일(음력)에 광주 證心寺에서 승려대회를 열기로 했으나 무산되었다.

채 조일불교 연합이라는 자가당착에 빠졌다. 이런 사태에 격분한 남쪽 불교계에서는 임제종을 성립시켰다. 이로 인해 불교계는 남쪽의 임제종과 북쪽의 원종으로 양분되었다. 조선총독부는 원종과 임제종을 해산시켰다. 그러나 임제종을 일으킨 스님들은 이게 굴하지 않고 1919년 3·1 운동의 주요 세력이 되었다.

3·1 운동 이전 백용성은 1911년 상경하기 직전 지리산 칠불암에서 『귀원정종』을 저술하였다. 이 책은 교리적으로 한국불교와 타종교를 비교하면서 논술하였다. 비교를 통해서 한국불교의 우수함을 알릴 수 있었고 우리 문화의 우수성과 우리 민족의 자존심도 세울 수 있었다. 이 책을 저술하고 바로 상경을 하게 된다. 요컨대 백용성은 타종교에 대항하여 불교를 포교하기 위해, 즉 우리의 참선을 포교하기 위해서 상경을 했다고 본다. 이는 상경 후 그의 전체적인 활동을 보아도 쉽게 판단할 수 있다. 특히 그가 저술한 책과 그가 역경한 경전이 참선과 관련된 전적典籍들인 것을 보아도 알 수 있다.[62]

임제종 운동이 남쪽 지방을 중심으로 일어나고 있을 때 백용성이 지리산 칠불암에 있었으니 그는 분명히 이 운동이 전개되고 있는 것을 알고 있었을 것이다. 백용성의 『용성선사어록』의 「만일참선결사회창립기」에는 다음과 같이 기록된 것이 주목된다.

> 次壬子春에 通梵兩寺와 智異山各寺와 聯合하야 新設禪宗教堂於大寺洞하고 以開教師長으로 被任하다. 布教三年에 信者三千餘名

---

62 문선희(정수), 「禪修行의 대중화에 대한 一考」, 『大覺思想』 13, 대각사상연구원, 2010, p.61.

이라. 自此로 京城에 始有參禪名이라.[63]

백용성은 개교사장開教師長으로 만해 한용운과 함께 일하게 되었다. 이런 공동 활동은 3·1 운동도 자연스럽게 같이 참여할 수 있는 계기로 작용하였다. 처음에는 임제종 운동으로 시작하였으나 일제의 탄압에 의해 임제종이라고 하는 종명宗名을 사용하지 못하여, 조선선종朝鮮禪宗 중앙포교당中央布教堂으로 개명하였다.[64] 결국 임제종 운동은 우리의 전통불교를 지키는 동시에 일본에 매종 행위를 한 원종에 대항하는 운동이었다. 이는 자연스럽게 백용성의 민족의식을 성장시켰고 3·1 운동으로 연결시켜 주었다. 백용성은 임제종 중앙포교당에 이어 1915년부터 선종임제파강구소를 설립하여 독자노선을 걷게 되었다.

김광식은 그의 논문 「3·1 운동과 불교」에서 역사적 맥락에서 당시 상황을 정리하였다. 김광식은 1910년대 불교계 청년들을 중심으로 3·1 운동이 전개되었다고 주장했다. 이는 김순석이 『일제시대 조선총독부의 불교정책과 불교계의 대응』에서 주장한 대로 교단 차원과 사찰 주지 층의 참가는 미온적으로 보인다는[65]것과 같은 내용이다. 각 사찰의 학인 승려, 청년 승려들은 사찰 차원에서 운동을 적극적으로

---

63 「만일참선결사회會創立記」, 『백용성 대종사 총서』 1, 대한불교조계종 대각회, 2016.

64 한보광 스님, 「백용성 스님의 민족운동」, 『大覺思想』 14, 대각사상연구원, 2010, p.18.

65 김광식, 「3·1 운동과 불교」, 『한국기독교와 역사』 47, 한국기독교역사연구소, 2017, p.100.

추진하지 않았다. 그들은 사찰 주변의 마을 주민들과 더불어 만세운동을 이끌어 나갔던 것이다. 또한 불교인들은 군자금 제공, 불교대표의 임시정부에 파견, 임정의 요인 및 특파원 역할 등 다양한 활동을 전개해 나갔다.[66] 이런 상황적인 흐름에서 백용성과 한용운은 불교계를 대표해서 민족대표 33인의 한 사람으로 각각 포함되었다.

3·1 운동에서 한용운은 불교계에서 중심적인 역할을 하였다. 3·1 운동 당시 민족대표로서 활동도 하였지만, 그는 3·1 운동 이전 10년간 불교의 민족의식 고양을 이끌어갔다.[67] 한용운은 천도교의 대표로 활동한 최린을 일본에서 만났다. 그는 최린에 의하여 3·1 운동의 지도부에 들어가게 된다. 만해의 제자 박영희는 다음과 같이 증언하였다.

> 나는 그 시절 중앙학림中央學林에 다녔는데 三·一 운동이 일어나기 얼마 전 만해萬海 선생이 비밀리에 나를 인사동 포교당으로 밤에 불러 3·1 운동이 있을 것을 말씀하시면서 서울 지역에 연락책을 맡아 달라는 지령指令을 받고, 최린, 백용성, 이승훈 씨 등에게 수차에 걸쳐 기밀문서機密文書를 가지고 심부름을 했습니다. 그때 보니 만해萬海 선생과 최린崔麟 선생 두 분이 완전히 영도領導한다는 것을 알았습니다.[68]

---

66 위의 논문, p.100.

67 위의 논문, p.75.

68 「특별기획, 대담 광복절에 생각한다」, 『법륜』 174, 법륜사, 1973, pp.21~22.

여기에서 알 수 있듯이 한용운은 3·1 운동을 이끌고 있었다. 그리고 그 당시 경성에서 포교 활동을 하고 있었던, 그 이전에는 임제종 중앙포교당을 같이 운영했던 백용성도 자연스럽게 참여하게 되었던 것이다. 한용운은 3·1 운동 전날 밤 그의 거처인 유심사(종로, 계동)에서 동국대 전신이었던 당시 중앙학림의 청년 승려들을 불렀다. 그리고 그동안 비밀리에 추진했던 3·1 운동에 대하여 알려주며 서산, 사명의 법손임에 자부심을 갖고 나라의 독립을 이루는 데 역량을 발휘하라고 이른다.

> 여러 달을 두고 궁금히 여기던 제군들에게 쾌 소식을 전하겠다. 유구한 역사 찬란한 문화를 가진 우리 민족이 자주독립을 중외에 선언함은 당연한 일이다. 조국의 광복을 위하여 결연히 나선 우리는 아무 장애도 없고 포외怖畏도 없다. 군 등은 우리 뜻을 동포 제위에게 널리 알려 독립 완성에 매진하라. 특히 군 등은 서산, 사명의 법손임을 굳게 기억하여 불교 청년의 역량을 잘 발휘하라.[69]

청년 승려들은 3월 1일 한용운에게서 받은 선언서 3천 매를 배포하고 탑골공원에서 시위에 참가하며 시위 후에는 각자의 연고가 있는 사찰로 내려가 만세 시위 등을 강구하였다.[70] 이런 활동을 한 중앙학림의 청년 학인들은 3·1 운동이 전국적으로 확산하는 계기를 마련했다.

---

69 김법린, 「3·1 운동과 불교」, 『신생』 창간호, 불교사, 1946, p.16.

70 김광식, 「3·1 운동과 불교」, 『한국기독교와 역사』 47, 한국기독교역사연구소, 2017, p.77.

1919년 3월 1일 백용성과 한용운이 참석한 태화관에서 민족대표 33인이 독립선언을 하였다. 그리고 종로 탑골공원에서 학생들은 독립선언서를 읽고 시위행진을 한 이래 만세 시위는 전국적으로 확산되었다. 일제는 독립 시위를 잔혹하게 진압했는데 투옥자 4만 6,900명과 사망자 7,509명 및 부상자 1만 5,091명에 이른다.[71]

일제는 해인사·통도사·범어사 등의 큰 사찰들에 늘 주의를 기울이고 있었다. 특히 해인사 승려로 경성에서 포교 활동을 하고 있던 백용성이 3·1 운동에 관계하면서 일반 승려들에 대한 주의를 더욱 강화했다.[72] 임제종 운동에 이어 임제종 중앙포교당을 운영하던 시절에 같이 했던 백용성과 한용운이 33인 민족대표로 참여함으로써 불교계 3·1 운동은 전국적으로 확산되었다.

그러나 독립운동에 참여한 백용성은 1911년 상경하기 직전까지 전국 각지에서 선회를 개최하며 참선 수행을 하며 인생(청년·중년 시절) 대부분을 보낸 수행자였다. 화두를 타파하여 큰 깨달음을 얻은 후 이것을 다시 그 당시 핍박받는 민중들을 돕는 데 회향하며 보살도를 실천했다. 백용성이 3·1 독립운동에서 했던 역할은 지금까지도 크게 평가받고 있다. 참선 수행으로 다듬어진 수행력이 아니라면 이루어낼 수 없는 보살행菩薩行이라고 본다.

---

71 한동민, 『백용성』, 역사공간, 2018, p.79,

72 위의 책, p.81.

2. 3·1 운동 이후 백용성의 독립운동

불교계를 대표하여 민족대표 33인에 참여한 백용성은 3·1 운동으로 2년간 수감되었다. 한용운은 감옥에 3년간 수감되었다. 백용성이 수감되었던 서대문 감옥에는 고문을 자행하는 취조실이 있었다. 온갖 고문도구가 걸려 있었고 한낮에도 캄캄해서 들어서기만 해도 소름이 돋았다. 취조실에서는 시도 때도 없이 비명이 터져 나왔다. 온몸을 발가벗겨 놓고 가죽 채찍으로 매질하기, 코에 고춧물 붓기, 시멘트 바닥에 무릎 꿇리고 구둣발로 짓밟기, 손·발톱 찌르기와 뽑기 등의 고문이 자행되었다.[73]

그런 열악한 환경에서도 백용성은 감옥을 선방으로 삼았다. 경을 읽고 염불을 하고 기도를 했다. 그러나 혹독한 추위와 더위, 그리고 시도 때도 없는 협박과 조롱을 견디기 힘들었고 백용성의 몸은 하루가 다르게 수척해졌다.[74] 잡혀 들어온 민간인과 학생들이 감방에서 만세를 불렀고 그들에게는 민족대표와 함께 있음이 그대로 자부심이었다. 박은식은 그의 저서인 『한국통사』에서 3월 1일부터 5월 30일까지 3개월 간 202만 명이 집회에 참가했으며 사망자 7,500명, 다친 사람 1만 5,961명, 체포된 사람이 4만 6,948명이라 밝히고 있다. 그러나 실제 희생자는 이보다 훨씬 많았다.[75]

한편 백용성과 한용운은 옥중에서 옹골차게 저항, 투쟁을 이어나갔

---

73 김택근, 『용성평전』, 모과나무, 2019, pp.64~65.

74 위의 책, p.66.

75 위의 책, p.71.

다. 한 예로 한용운은 서대문형무소에서 1919년 7월 10일에 「조선독립의 서」를 일본인 판사에 제출하였다. 한용운의 그 선언서는 상해 임시정부의 『독립신문』 서두에 아래와 같이 게재되었다.

> 此書는옥중에계신我대표자가日人검사총장의요구에응하여저술한者中의一인데비밀리에屋外로송출한斷片을集合한者라.[76]

이 선언서에서 불교의 독립사상을 엿볼 수 있다는 점에서 중요하다.[77] 다음은 선언서의 일부다.

> 자유는 만물의 생명이요, 평화는 인생의 행복이니. 고故로 자유가 무無한 인人은 사해死骸와 같고 평화가 무無한 자者는 최고통最苦痛의 자者라. 압박을 피被하는 자의 주위의 공기는 분묘墳墓로 화化하고 쟁탈을 사事하는 자의 경애境涯는 지옥이 되나니, 우주 만유萬有의 이상적인 최最 행복의 실재는 곧 자유와 평화라. … 고로 위압적 평화는 굴욕이 될 뿐이니 진眞 평화는 반드시 자유를 보保하고, 진眞 평화는 반드시 자유를 반伴할지라. 자유여, 평화여, 전 인류의 요구要求일지로다.[78]

---

76 한용운, 「조선독립 감상의 대요」, 『독립신문』 25, 1919. 11. 4.

77 김광식, 「3·1 운동과 불교」, 『한국기독교와 역사』 47, 한국기독교역사연구소, 2017, p.81.

78 한용운, 「조선독립 감상의 대요」, 『독립신문』 25, 1919. 11. 4.

위의 글을 통해서 한용운은 자유와 평화는 만물의 생명이며 인생의 행복이라고 강조하였음을 알 수 있다. 그러므로 일제의 지배하에 억압으로부터 자유를 얻기 위해 독립운동을 한다는 것과 독립은 반드시 우리 민족이 성취해야만 하는 것이라는 그의 주장을 읽을 수 있다.

> 고금동서를 막론하고 국가의 흥망은 일조일석에 되는 것이 아니오. 어떠한 나라든지 제가 스스로 망하는 것이지 남의 나라가 남의 나라를 망하게 할 수는 없는 것이다. 우리나라가 수백 년 동안 부패한 정치와 조선 민중이 현대 문명에 뒤떨어진 것이 합하여 망국의 원인이 된 것이요. 원래 이 세상의 개인과 국가를 막론하고 개인은 개인의 자존심이 있고 국가는 국가로서의 자존심이 있나니 자존심이 있는 민족은 남의 나라의 간섭을 절대로 받지 아니하오. 금번의 독립운동이 총독정치의 압박으로 생긴 것인 줄 알지 말라. 자존심이 있는 민족은 남의 압박만 받지 아니하고자 할 뿐 아니라 행복의 증진도 받지 않고자 하느니 이는 역사가 증명하는 바이라. 4천년이나 장구한 역사를 가진 민족이 언제까지든지 남의 노예가 될 것은 아니라. 그 말을 다하자면 심히 장황하므로 이곳에서 다 말할 수 없으나 그것을 자세히 알려면 내가 지방법원 검사장의 부탁으로 "조선독립에 대한 감상"이라는 글을 감옥에서 지은 것이 있으니 그것을 갖다가 보면 다 알 듯하오.[79]

여기에서 우리 민족의 역사와 자존심 측면에서 보더라도 한국의

79 「공소공판기」, 『동아일보』 1920. 9. 5.

독립은 당연하다는 한용운의 주장을 볼 수 있다.

백용성의 3·1 운동 체험은 그가 민족 문제에 적극적으로 동참했다는 점과 수감생활 이후 불경 한글화에 적극 나서게 되었다는 점에서 특별한 의미가 있다. 개신교·천도교 등 각종 종교의 성직자와 신도들은 한글로 된 간편한 경전을 갖고 있었기 때문이다. 불교계 민족대표로 옥중 수감생활을 하게 된 백용성도 타종교의 포교 활동을 본 후 불교경전을 한글로 번역하는 등 새로운 불교포교 방법을 모색하는 등 불교개혁을 계획하게 된다. 또한 백용성은 당시 3·1 운동 감옥 체험으로 불교의 대중화라는 화두를 몸소 실천해야겠다는 굳은 결의를 하게 되었다.[80]

다음은 백용성의 3·1 운동 거사의 행동에 대해서 백용성이 법정에서 진술한 내용이다.

> 먼저 말한 것과 같이 한용운 제의에 찬성하고 같이 일을 하려고 하였다. 그런데 어느 때든지 통지만 하면 어느 곳으로 가기로 약정하고 한용운은 돌아갔다.[81]

> 그 후 2월 28일 한용운이가 와서 가입되었으니 내일 오후 2시에 명월관 지점으로 오라고 하므로 나는 생활이 곤란하여 양미를 구하러 인천에 갔다가 오후 2시에 명월관에 가니 벌써 동지들이

---

80 한동민, 『백용성』, 역사공간, 2018, p.89.

81 이병헌, 「백용성 선생 취조서」, 『三·一運動祕史』, 시사시보사출판국, 2002, p.138.

대부분 다 모였고, 한용운의 인사말이 있은 후 만세삼창을 부르자 곧 경관이 와서 체포되었다.[82]

수행자로서 청렴하게 생활하며 동시에 나라의 독립을 위해 어디라도 서슴지 않고 가는 백용성의 용기와 의연함을 엿볼 수 있는 대목이다.

당시의 상황은 3·1 운동 당일의 첫 번째 경찰의 취조문에서 볼 수 있다. 1919년 8월 27일 고등법원 재판에서 예심계 조선총독부 판사가 독립선언에 참여한 목적을 물었다. 백용성은 조선의 독립은 필요하며 조선의 독립은 마땅한 것이라고 당당히 주장하였다.[83]

문: 피고 등은 조선의 독립을 강화회의의 문제로 삼고 일본으로 하여금 독립을 어쩔 수 없이 승인하도록 하게 할 생각이 아니었는가.

답: 나는 그런 것은 모른다. 나는 동양의 평화를 영원히 유지하기 위해서는 조선의 독립은 필요하다, 일본에서도 그것을 잘 알고 있을 것이며 또 불교사상으로 보더라도 조선의 독립은 마땅한 것이므로 여러 가지 점으로 보아 하여튼 조선의 독립은 용이하게 될 것으로 믿고 있는 터이다.[84]

---

82 위의 책, p.142.

83 허정선, 「백용성과 대각사 연구」, 『大覺思想』 34, 대각사상연구원, 2020, pp.75~76.

84 「백상규 신문조서」, 『韓民族獨立運動史資料集』 12(三一運動 II), 1919, 국사편찬위원회, 1990, p.91.

한보광 스님은 「백용성 스님의 중반기의 생애」에서 백용성의 취조서를 보니 언제라도 독립운동을 다시 하겠다는 그의 당당함을 느낄 수 있었다고 서술했다.[85] 필자도 이 취조서에서 백용성 선사의 독립에 대한 확신과 그에 따른 그의 여유마저도 느낄 수 있다. 참선으로 크게 깨달은 대선사였던 백용성은 그의 수행력으로 모든 고난을 이겨낼 수 있었으리라 본다.

백용성이 3·1 운동 참여 후 구금되어 옥고를 치르고 있는 사이 대한승려연합회大韓僧侶聯合會는 1919년 11월 15일에 불교선언서를 발표한다. 내용은 다음과 같다.

佛教宣言書[86]

韓土의 數千僧侶는 2千萬同胞 及 世界에 對하야 絶對로 韓土에 在한 日本의 統治를 排斥하고 大韓民國의 獨立을 主張함을 玆에 宣言하노라.

平等과 慈悲는 佛法의 宗旨니 무릇 此에 違反하는 者는 佛法의 敵이라. 그러하거늘 日本은 表面 佛法을 崇한다 稱하면서 前世紀의 遺物인 侵略主義 軍國主義에 耽溺하야 자조 無名의 師를 起하야 人類의 平和를 擾亂하며 한갓 그 强暴함만 恃하고 教化의 恩을 受한 鄰國을 侵하야 그 國을 滅하며 그 自由를 奪하며 그 民을

85 한보광 스님, 「용성 스님의 중반기의 생애」, 『大覺思想』 2, 대각사상연구원, 1999, p.46.

86 진관·원종, 『無盡藏 布教 傳承의 歷史研究』, 중앙승가대학교 출판부, 2020, pp.116~117.

虐하야 2千萬生靈의 寃聲이 嗷嗷하며 特히 今年 3月1日 以來로 大韓民族은 極히 平和로운 手段으로 極히 正當한 要求를 叫號할세 日本은 도로혀 더욱 暴虐을 肆行하야 數萬의 無辜한 男女를 虐殺하니 日本의 罪惡이 斯에 極한지라 我等은 이믜 더 沈默하고 더 傍觀할 수 업도다.

일즉 全民族代表 33人이 獨立宣言을 發表할세 我佛徒 中에서도 韓龍雲, 백용성白龍城 兩僧侶 此에 參加하엿고 그 後에도 我佛徒 中에서 身과 財를 獻하야 獨立運動에 奔走한 者 多하거니와 日本은 一向前過를 懺悔하는 樣이 無할 뿐더러 或은 警官을 增加하고 軍隊를 增派하야 더욱 抑壓政策을 取하고 一邊 不正한 手段으로 賊子輩를 驅使하야 一日이라도 그 惡과 2千萬生靈의 苦惱를 더 길게 하려하니 이제 我等은 더 忍見할 수 업도다. 不義가 義를 壓하고 蒼生이 塗炭에 苦할 때에 劍을 仗하고 起함은 我歷代古祖諸德의 遺風이라 하믈며 身이 大韓의 國民으로 生한 我等이리오. 願컨대 佛法이 韓土에 入한지 于今 2千年에 李朝에 至하야 多少의 壓迫을 受함이 有하엿다 하더라도 其他의 歷代國家는 모다 此를 擁護하야 그 發達의 隆隆함이 世界佛教史上에 冠絶하엿나니 彼日本人을 佛陀의 慈悲中에 引導한 者도 實로 我大韓佛教라 壬辰倭亂 其他 危急의 時에 여러 祖師와 佛徒가 身을 犧牲하야 國家를 擁護함은 歷史에 昭著한 바어니와 이는 다만 國民으로 國家에 對한 義務를 盡할 뿐이라. 國家와 佛教와의 깁고 오랜 因緣을 因함이니라. 日本이 强暴하고 欺瞞한 手段으로써 韓國을 合併한 以來로 韓國의 歷史와 民族的 傳統 及 文化를 全혀 無視하고 各方面

에 對하야 日本化政策 及 壓迫政策으로써 韓族을 全滅하려 할세 我佛敎도 그 毒手의 犧牲이 되여 强制의 日本化와 苛酷한 法令의 束縛下에 2千年來 韓土의 國家의 保護로 누리던 自由를 失하고 未來에 特有한 我歷代祖師의 遺風이 湮滅하야 榮光잇던 大韓佛敎는 滅絶의 慘境에 陷하려 하도다.

이에 我等은 起하엿노라 大韓의 國民으로서 大韓國家의 自由와 獨立을 完成하기 爲하야 2千年 榮光스러운 歷史를 가진 大韓佛敎를 日本化의 滅絶에 救하기 爲하야 我7千의 大韓僧尼는 結束하고 起하엿노니 矢死報國의 이 發願과 重義輕生의 이 義氣를 뉘 막으며 무엇이 막으리오. 한번 結束하고 奮起한 我等은 大願을 成就하기 끄지 오직 前進하고 血戰할 뿐인뎌.

大韓民國元年11月15日

大韓僧侶聯合會

代表者 吳卍光李法印金鷲山

姜楓潭崔鯨波朴法林

安湖山吳東一池擎山

鄭雲峯裴相祐金東昊

백용성은 3·1 운동 참여 후 일제의 경찰서에서 온갖 모진 고초를 당하고 감옥에서 2년을 보내야 했다.[87] 백용성의 수감생활은 그의 회고에서 살필 수 있는데 참선으로 쌓아 온 그의 수행력으로 일제의 탄압과 고초를 견디며 더 나아가 앞으로 불교 발전을 향한 그의 역할을

---

87 진관·원종, 위의 책, p. 127.

결심한다.

> 대각응세 2946년(기미년, 서기 1919년) 3월 1일에 독립선언서 발표(3·1 독립운동 민족대표 33인 가운데 한 분)의 대표 1인으로 … 또 수십 년 동안 한문 공부를 하여 위대한 문장이 되었다 할지라도 우리 종교의 진리는 알지 못할 것이며, 또 중국 사람들은 중국의 글을 좋아하나 우리 조선 사람들에게는 조선의 글이 적절할 것이다. 그러므로 남·녀 및 상·중·하가 보면 즉시 알 수가 있을 것이라서 보급하기 편리할 것이다. 이에 내가 출옥하면 즉시 동지를 모아서 경전을 번역하는 사업에 전력하여 이것으로써 불법의 진리를 연구하는 데 한 나침반을 만들 것이다.[88]

이처럼 백용성은 수감생활을 하면서 불교 혁신과 대중화를 결심했다. 즉 불교경전을 일반 민중이 쉽게 읽을 수 있는 한글 경전으로 번역하는 일을 결심했다.[89] 그리하여 백용성은 1921년 출옥 후 삼장역회를 결성한다. 삼장역회 설립 후 용성 스님은 대각교의 설립과 대각교 운동을 펼치는데 승적까지 포기하며 이 운동을 펼쳐 나갔다.[90] 이 대목에서 필자는 불교가 조선시대의 모진 세월을 견뎌냈지만 그동안에

---

88 백용성, 「저술과 번역에 대한 연기」, 『백용성 대종사 총서』 6, 대한불교조계종대각회, 2016, pp.449~450.

89 김광식, 『용성』, 민족사, 1999, p.115.

90 한보광 스님, 「용성 스님의 중반기의 생애」, 『大覺思想』 2, 대각사상연구원, 1999, p.44.

당한 오명을 버리고 대각교 운동을 통해 새로운 불교로 다시 태어나야 한다는 백용성의 깊은 결심이 담겨 있다고 믿는다.

뿐만 아니라 백용성은 출옥 후 3·1 운동으로 탄생한 상해 임시정부를 각별히 챙겼다. 사람들을 보내 정보를 교환했고 독립운동 자금도 마련하여 전달했다. 해방되고 곧 임시정부 요원들이 서울의 종로구 봉익동 대각사를 방문했다. 1945년 12월 12일, 백범 김구(1876~1949) 주석을 포함하여 황학수, 이시영, 김창숙 등 30여 명은 백용성의 영정 앞에서 향을 사르고 고개를 숙였다.[91] 김구 선생님께서 "백용성 스님은 이미 열반해 아쉽지만 스님의 크고 깊은 뜻을 우리 동지들은 잊지 말아야 한다"라고 말했다고 그 자리에 있었던 김홍업 보살은 증언했다.[92]

상좌들 사이에서 구두쇠로 유명했던 백용성은 사흘 나흘 굶고 버티며 아껴서 모은 돈을 독립자금으로 보냈다고 전한다. 비밀요원이 내려오면 자금을 몰래 제공했다고 한다. 그 당시의 비밀요원의 행색은 각설이었는데 거지 옷을 입고 양철통을 둘러메고 각설이 타령을 하는 스님이었다. 궁핍한 시절이라 주위 사람들은 대수롭지 않게 여겼지만, 각설이가 내려오면 백용성이 양철통 밑에 돈을 넣고 그 위에 밥을 깔아서 보냈다고 한다. 일제 경찰의 감시가 심했던 터라 그렇게 위장하지 않으면 들켰을 것이라며 백운(범어사)은 증언을 했다.[93]

또한 백용성은 1916년에는 함경도 북청에서 금광을 경영하기도

---

91 김택근, 『용성평전』, 모과나무, 2019, p.92.

92 위의 책, p.93.

93 위의 책, pp.94~95.

했다. 이는 포교 활동에 필요한 재원을 마련하기 위해서지만[94] 한편으로는 사람들이 통행증을 얻어 독립운동을 할 수 있도록 하기 위한 것과 연결되어 있다고 보인다.[95] 자료에 의하면 백용성은 대각사에서 한용운과 만나며 시국 돌아가는 대화를 자주 했다고 한다.[96] 백용성과 만해 한용운으로 대표되는 불교계 독립운동가들이 대각사에 모여 의논했기에 대각사는 또 다른 의미를 가지게 되었다. 요컨대, 대각사는 한국 독립운동의 불교계 산실이 되었고[97] 결과적으로 대각사는 민족독립운동의 성지가 되었다.[98] 3·1 운동 당시 33인의 민족대표 중에서 불교계 인사는 백용성과 한용운 두 사람뿐이었다. 그러나 그들의 역할은 지대했고 그들은 끝까지 타협하거나 변절하지 않았다.

일본불교가 침투한 후 한국의 전통불교는 대처식육으로 점점 물들어 갔다. 그로 인해 청정 비구들의 계율과 수행 풍토는 무너져 내려갔다. 이에 대항하여 송만공·김석두·백용성·오성월·백학명 등 80여 명은 전통불교를 수호하면서 불교 본연의 역할을 다하자는 행보를 해나갔다. 이런 의식을 가진 그들은 1921년 서울 안국동에 선학원禪學院을 창건하였다. 그리고 다음해 1922년 자주·자조의 수행 기치를 내걸은 모임인 선우공제회禪友共濟會를 발족시켰다.[99]

---

94 김광식, 「용성과 한암의 행적에 나타난 정체성」, 『백용성 연구』, 동국대학교 출판부, 2017, p.192.

95 『대각사』, 대한불교조계종 대각회 대각사, 2013, p.29.

96 김택근 위의 책, p.5.

97 허정선, 「백용성과 대각사 연구」, 『大覺思想』 34, 대각사상연구원, 2020, p.76.

98 『대각사』, 앞의 문건, p.4.

99 김광식, 「3·1 운동과 불교」, 『한국기독교와 역사』 47, 한국기독교역사연구소,

이처럼 3·1 운동 이후 불교계는 불교의 대중화와 전통불교 수호와 수행풍토 진작이라는 운동을 추진했다. 백용성은 출옥 후 삼장역회를 조직하여 옥중에서 결심한 바를 추진했는데 우리글로 번역한 경전을 출판하면서 대중포교에 주력한다. 그리고 선학원과 유사한 노선을 모색하며 1925년 만일참선결사회를 결성하여 참선을 수좌들과 주도하면서 전통불교의 맥을 이어간다. 그리고 1926년에는 대처식육을 반대하며 전통불교를 살리기 위해서 2차례에 걸쳐 건백서를 총독부에 제출했다.

이처럼 암울했던 시대에 한국 전통불교의 중흥과 독립을 위해 크게 노력했던 백용성은 한국 근대사에서 몇 안 되는 깨달은 선지식 중에서 유일하게 도심에서 대중포교를 추진했던 선사이다. 항일 독립운동뿐만 아니라 백용성은 그의 대각사상을 바탕으로 대각교 운동을 추진했다. 이 대각교 운동을 통해 그는 대각사를 중심으로 읽기 쉬운 불교경전을 간행했다. 그리고 그가 설립한 용정 대각교당과 화과원 등에서 반농반선半農半禪 생활을 하며 참선포교 활동들을 전개해 나갔다.

소결

백용성(1864~1940)은 14세에 출가하여 19세에서 23세에 이르기까지 4차에 걸쳐 깨달음을 증득했다. 백용성은 대각大覺을 증득한 후 경전 열람으로 깨달음을 확인했다. 이후 사회로 회향하여 왜색불교가

2017, p.98.

성행하는 가운데 전통 한국불교의 정신을 담고 있는 참선을 알리고 대중들에게 불교를 널리 전파하기 시작했다.

백용성은 1911년 서울 대사동의 한 신도인 강씨 집에서 대중을 대상으로 선회를 개설했고 도심포교에 자신감을 얻어 최초의 민가 포교당을 개설했다. 그리고 이것은 임제종 중앙포교당 및 조선선종 중앙포교당의 개교사장으로 구체화되었다. 임제종 중앙포교당의 개교사장 즉 포교 책임자라는 막중한 직책으로 일본 조동종에 매종 행위를 한 원종에 대항하면서 한국불교의 전통을 잇고 우리 민족정신을 지켜 가고자 했다. 그 후에는 독자적으로 선종임제파강구소, 대각사를 건립하고 운영했다. 이러한 노력은 1925년 망월사에서 한국 전통불교의 중흥으로 상징되는 만일참선결사회의 조직으로 빛을 보았다. 이 결사회로 선의 전통을 회복하여 참선 수행을 대중화하고자 노력했다.

한편 1916년 백용성은 그의 대각사상과 민족의 독립을 위한 활동 그리고 대중포교 활동의 거점이 되는 대각사를 창건했다. 또한 백용성은 민족대표 33인 중 한 사람으로 1919년 3·1 독립운동 독립선언에 참가했고 그 연고로 서대문 감옥에 수감된다. 한국불교를 수호하기 위해 전개된 임제종 운동과 연결되어 그가 3·1 운동에 적극적으로 참여하게 된 것이다. 임제종 운동은 친일 성향인 원종의 매종 행위를 저지하면서, 나아가 3·1 운동과 1920년대 초반 불교계 개혁의 중심이었다. 징역 1년 6개월의 수감생활 중 대중들의 삶 속으로 들어가 있는 다른 종교의 영향을 받아 불교 혁신과 대중화를 결심한다. 그리하여 출옥 후 1921년 삼장역회를 출범시켜 수많은 역경사업과 저술 활동을 벌이며 불교 대중화에 힘썼다.

뿐만 아니라 백용성은 일제 식민지 불교 정책에 대한 단호한 저항으로 1926년 1차, 2차에 걸쳐 대처식육을 반대하는 내용의 건백서를 조선총독과 내무성에 제출했다. 그러나 이 건백서가 제시한 내용들이 거부당하자 백용성은 기존 교단을 탈퇴하고, 불교라는 명칭을 대각교大覺教로 바꾼다. 그리고 1928년에 대각 일요학교를 설립하여 어린이까지 포함한 도심에서의 불교 대중포교에 더욱 힘쓴다.

나아가 백용성은 출옥 후 3·1 운동으로 탄생한 상해 임시정부를 각별히 챙겼다. 사람들을 보내 정보를 교환했고 독립운동 자금도 마련하여 전달했다. 또한 백용성은 1916년에는 함경도 북청에서 금광을 경영하기도 했다. 이는 포교 활동에 필요한 재원을 마련하기 위해서였고 한편으로는 사람들이 통행증을 얻어 독립운동을 할 수 있도록 하기 위한 행보였다.

이처럼 암울했던 시대에 한국 전통불교의 중흥과 민족독립을 위해 크게 노력했던 백용성은 한국 근대사에서 몇 안 되는 깨달은 선지식 중에서 유일하게 도심에서 대중포교를 추진했던 인물이다. 그리고 그가 설립한 용정 대각교당과 화과원 등에서 참선포교 활동들을 전개해 나갔던 것이다. 용성은 1940년 입적하는 그 순간까지 불교의 개혁과 대중화에 앞장섰을 뿐만 아니라 무엇보다도 깨달음을 증득한 선사로서 그 수행력의 힘으로 산중이 아닌 도심에서 참선불교를 널리 포교하여 불교 역사에 길이 남을 큰 공헌을 하였다.

제2장 문서를 통한 참선포교

백용성은 1919년 3·1 독립운동 때 독립선언에 참가한 이유로 서대문 감옥에 수감된다. 이때 백용성은 수감 중에 타종교가 우리말로 된 경전을 가지고 공부하는 것을 보고 큰 충격을 받게 된다. 불교는 당시 아직도 생소하고 어려운 한문 경전으로 공부하고 있었기 때문이다. 백용성이 역경사업의 필요성을 절실하게 인식한 순간이었다.[100] 산중불교에서 도심에서의 생활불교가 되기 위해서 그리고 불교의 대중화를 위해서는 우선 어려운 불경을 쉬운 우리말로 바꾸는 일이 필요하다고 그는 절감했다.[101] 이는 불교의 기본 교리를 승려들만을 대상으로 하는 것이 아닌 일반 백성들에게 알리기 위해 꼭 필요한 일이었다.[102] 1921년은 백용성이 경성감옥에서 출옥한 해이다. 백용성

100 백용성, 「저술과 번역에 대한 연기」, 『백용성 대종사 총서』 6, 대한불교조계종 대각회, 2016, pp.449~450.

101 김광식, 『용성』, 민족사, 1999, p.124.

102 한동민, 『백용성』, 역사공간, 2018, p.98.

은 감옥에서 다짐한 역경사업을 통해 불교의 대중화를 실현하기 위해서 1921년 역경사업 조직체인 삼장역회를 출범시킨다. 이는 조선시대에 있었던 간경도감 이후 최초의 불교경전 번역사업이었고, 이때 백용성은 한글 번역에 있어서도 체계화를 시도하였다.[103]

백용성은 1922년에 대각교라는 개념을 처음으로 사용하면서 봉익동 2번지에 대각교당을 설립하고, 또한 같은 해 삼장역회도 가회동 211번지에서 봉익동 2번지로 옮겨온다.[104] 즉 백용성이 역경을 추진한 삼장역회가 대각교당으로 이전하면서 대각사는 번역사업과 저술 활동, 그리고 이후 불교개혁 운동의 중심지가 된다. 백용성은 경전 번역뿐만 아니라 많은 저술 활동을 하였다. 특히 선과 관련된 번역 및 저술로 『선문요지禪門要旨』, 『심조만유론心造萬有論』, 『수능엄경선한연의首楞嚴經鮮韓演義』, 『대방광원각경大方廣圓覺經』, 『조선글 화엄경』, 『수심정로修心正路』, 『각해일륜覺海日輪』, 『대승기신론大乘起信論』, 『청공원일晴空圓日』, 『수심론修心論』, 『오도吾道의 진리眞理』, 『오도吾道는 각覺』 등이 있다.

제3장 문서를 통한 참선포교에서는 문서를 통해 참선포교를 수행한 백용성의 가르침에 대해 살펴볼 것이다. 그의 많은 저술 중에서도 그의 사상이 잘 드러나고 있는 『수심정로』, 『수심론』, 『오도의 진리』, 『오도는 각』 그리고 『용성선사어록』을 중심으로 살펴보았는데, 이들

---

103 한보광 스님, 「일제시대 삼장역회의 성립과 역할」, 『전자불전』 4, 동국대학교 전자불전연구소, 2002, p.64.

104 한보광 스님, 「백용성 스님의 삼장역회 설립과 허가취득」, 『大覺思想』 9, 大覺思想研究院, 2006, p.60.

각 문헌이 참선에 대해 그리고 깨달음에 대해 어떻게 설명하는지를 탐구하였다.

제1절 『수심정로修心正路』

백용성 선사는 출옥한 직후인 1922년에 처음으로 『수심정로』를 저술하여 그의 선사상의 요지를 정리하였다. 삼장역회는 1924년에 『선한문역선문촬요鮮漢文譯禪門撮要』를 출판하였는데, 이 책의 부록으로 『수심정로』가 포함되었다. 『선문촬요禪門撮要』는 한국 및 중국에서 간화선 수행에 핵심이 되는 선어록을 묶은 책이다. 백용성은 『선문촬요』 전체를 번역하지 않고 간화선 수행에 도움이 되는 일부만 편집하고 번역하여 『선한문역선문촬요』를 간행하였다. 또한 『수심정로』는 1930년에 발간되었던 『각해일륜』의 제3권 주제로 구성된다. 필자는 백용성 선사가 1927년에 선언한 대각교의 교학적 토대를 설명하고 백용성의 대각교 사상을 대중이 알기 쉽게 정리하여 대각교당에서 펴낸 『각해일륜』[105]을 택하여 분석함과 동시에 『수심정로』를 소개하고자 한다.[106] 백용성은 『각해일륜』의 머리말에서 "어떤 경우(一切時)에

---

105 『각해일륜』은 백용성 선사상을 연구함에 있어 필독서이다. 백용성의 선사상을 이해하려면 『수심정로』, 『심조만유론』, 『청공원일』 등을 함께 분석해야 한다. 필자는 본서에서는 『수심정로』와 『수심론』만을 연구 대상화하였다. 여타 책에 대한 분석은 후일 연구로 남겨둔다. 신규탁, 『한국 근현대 불교사상 탐구』, 새문사, 2012, p.178.

106 백용성, 『각해일륜』, 『백용성대종사 총서』 2, 대한불교조계종 대각회, 2016, pp.383~411.

라도 있으면서 허망한 생각(妄念)을 일으키지 말고, 또 온갖 허망한 마음(妄心)에도 쉬어 없애 버리려고 하지도 말며, 망상의 경계(妄想境)에 있을지라도 분명히 깨달아 알려고 하지 말고, 분명히 깨달아 알지 못하는 곳에서 진실을 가리려고 하지도 말아야 할 것이다"[107]라고 하였다. 또한 도의 근원은 깨달음에서 나온다고 하였다. 백용성은 '각해일륜'의 각 글자를 다음과 같이 풀이하였다. "각覺이라는 것은 무엇인가? 본각本覺, 시각始覺, 구경각究竟覺이 원만하여 둘이 아닌 무이無二를 말한다. 해海란 무엇인가? 끝없이 드넓고 깊게 융합하여 그 깊이와 넓이를 헤아릴 수 없는 것을 말한다. 일륜日輪이라는 것은 무엇인가? 오묘한 지혜가 원만하고 밝아서 비추지 않는 곳이 없음을 말한다. 종교, 도덕, 진리, 철학, 과학, 인과 등을 모두 다 갖추지 않음이 없으므로 '각해일륜覺海日輪'이라고 말한다."[108]

『각해일륜』은 모두 4권으로 구성되어 있다. 1권은 '부처와 중생에 대한 문답'이며, 2권은 '유심唯心의 도리'를 논하고 있다. 3권은 『수심정로』이며, 4권은 『육조단경 요역』이다. 제3권인 『수심정로』는 16개의 소제목으로 이루어져 있는데 그 구성은 다음과 같다.

〈표 2-1〉『각해일륜』 제3권 『수심정로』 구성[109]

제46	시삼마 화두에 대한 병을 간택함(제1)

107 위의 책, p.295.

108 위의 책, p.296.

109 백용성, 『각해일륜』, 『백용성 대종사 총서』 2, 대한불교조계종 대각회, 2016, p.299.

제47	화두가 좋은 화두가 있다 함을 간택함(제2)
제48	시삼마 화두가 백천 화두에 근본된다 함을 간택함(제3)
제49	무슨 화두마다 본의심本疑心이 있으며 또 병된 것을 가림(제4)
제50	화두를 참구하는 데 제병통을 자세히 밝힘(상명詳明)(제5)
제51	화두참구하는 모양을 말함(제6)
제52	공부할 때에 불가불 마군이를 알아야 할 것(제7)
제53	마가 도덕을 해롭게 하는 인유를 밝힘(제8)
제54	마가 도를 해롭게 할 수 없음을 밝힘(제9)
제55	외도의 괴수된 자만 가림(제10)
제56	색음이 녹아질 때에 열 가지 경계가 나타남(제11)
제57	수음이 녹아지려고 하면 열 가지 마군이가 나는 것을 말함(제12)
제58	상음이 녹아질 때에 열 가지 경계가 나는 것을 말함(제13)
제59	외도의 종류를 밝힘(제14)
제60	행음과 색음이 다 녹지 못하고 그 가운데 앉아 외도됨을 밝힘(제15)
제61	상常·무상無常 외도를 말함(제16)

기존의 문헌들이 한문으로 쓰인 것과 비교했을 때 『수심정로』는 한글로 서술되어 누구나 쉽게 이해할 수 있었다.[110] 백용성은 우리말로 『수심정로』를 저술하여 바르게 화두참구하여 마魔를 극복하고 바른 선정에 이르는 길을 제시하였다. 이것은 문서로서 참선을 포교하는 훌륭한 길잡이가 되었다. 다음은 그 내용을 간략히 살펴본 것이다.

110 정수, 「용성 선사의 『수심정로』에 대한 소고」, 『大覺思想』 6, 대각사상연구원, 2003, p.302.

> 제46. 시삼마 화두에 병을 간택함(제1)
> 대체로 마음을 닦는 도인들은 … 마음이 스스로 내가 소소영령하다고 하지 아니하는데, 무슨 일로 소소영령하다고 하는가? 생각이 일어나는 곳을 찾아서 비추어 들여다보지도 말라. … 또 육조께서 회양懷讓을 대하여 묻기를 '무슨 물건이 어디에서 왔는가?'라고 하셨는데, 회양이 알지 못하여 8년을 궁구하다가 확철대오 하였으니, 이것이 화두하는 법이다. … 내가 열성熱誠으로 권하노니, 부디 찾아보시오. 몸은 아침이슬과 같고, 목숨은 서편에 다 넘어가는 햇빛과 같소. 어서 찾아보시오."[111]

참선을 통한 화두를 드는 방법을 수많은 선사들이 제시하고 있다. 육조 혜능 대사가 회양에 물었을 때 화두를 들고 물은 것이 아니다. 그 당시에는 '화두'라는 말이 없었다. 회양도 화두를 들고 궁구하다 확철대오를 한 것이 아니다. '무슨 물건이 어디에서 왔는가?'라는 질문을 궁구하고 궁구하다 자신을 이끄는 '그놈'을 깨달았으니 간절히 궁구하는 그 자체가 화두하는 법이라고 백용성은 가르치고 있다. 자신이 누구인지를 깨닫게 해주는 데 화두참구하는 법보다 더 나은 법이 없다는 것을 백용성은 그의 저서 곳곳에서 강조하고 있다. 자기 자신을 내려놓는 최고의 방법이라고 백용성은 믿었다. 무심의 그 자리이며 방하착放下著하는 그 시간인 것이다. 입을 열면 그르치나 화두법 가지고 깨닫는 것보다 더 좋은 것은 없다고 필자는 확신한다.

---

111 백용성, 「수심정로」, 『각해일륜』 3, 『백용성 대종사 총서』 2, 대한불교조계종 대각회, 2016, pp.383~386.

제47. 화두가 좋은 화두가 있다 함을 간택함(제2)
어떠한 사람이 묻기를, "화두가 좋은 것이 따로 있다지요?" 용성이 말하기를, "그런 말씀 하지 마시오. 화두가 어디 좋은 화두가 있단 말이오?" … 천칠백화두千七百話頭가 그 참구參究하는 법은 전체적으로 하나이니 어찌 다름이 있겠습니까? 시심마는 한 물건을 알지 못하여 참구하는 것이니, 위에서 이미 말하였기 때문에 그만두겠노라."[112]

화두를 참구할 때 흔히 허공을 가지고 자주 비유한다. 허공에 좋은 허공 나쁜 허공이 없고 허공은 허공이다. 허공성과 같은 화두에도 좋은 허공과 나쁜 허공이 없다. 천칠백 화두라도 그 화두참구하는 법은 다만 온몸으로 의정을 가지고 참구할 뿐이다. 내가 나를 깨닫는 화두법! 간화선 수행법은 화두로 무심이 되고 내가 청정 자체가 되는 법이다. 내가 있어 깨닫는 것이 아니라 내가 청정 그 자체가 되는 법이다. 수행하는 이의 마음이 허공이 같이 되어 버리는 최고의 수행법이다. 머리로 이해해서 깨닫는 것이 아니다.

제48. 시심마 화두가 백천 화두에 근본된다 함을 간택함(제3)
어떤 사람이 묻기를, "백천의 화두에 시심마가 아니 들어가면 화두가 되지 아니한 줄로 생각합니다." … 그래서 잣나무와 삼 서 근과 마른 똥막대기를 알지 못하여서 이것을 알자고 '무엇고?' 하는

112 백용성, 「수심정로」, 『각해일륜』 3, 『백용성 대종사 총서』 2, 대한불교조계종 대각회, 2016, pp.386~387.

것인가? … 일체 화두에 시삼마를 넣어서 의심을 아니 하여도 화두마다 제 화두에 의심이 있는 것이다."[113]

화두를 들어 참선을 할 때 '어째서 뜰 앞의 잣나무라 했는가?'라고 해야 하는데 자신도 모르게 '뜰 앞의 잣나무가 이 무엇고?' 하고 '이 뭣고?' 화두로 빠질 때가 있는 것도 사실이다. 그렇지만 그럴 때마다 다만 자신에게 주어진 자신의 화두로 다시 돌아와 각자의 화두로 파고 들어가야 한다. 보고 들을 줄 아는 그 자리로 돌아가는 것이다. 나에게 주어진 화두를 놓칠 때마다, 번뇌망상에 휘둘릴 때마다 화두로 바꾸는 의식전환을 시켜야 한다. 마음의 그릇을 키워 의정에 들려고 습관화시켜야 한다.

제49. 무슨 화두마다 본의심이 있으며 또 병된 것을 가림(제4) 시삼마是甚麽는 일물一物의 소이연所以然을 알지 못하여 의심하는 것이니, 이 물건은 천지 허공과 만물을 온통 집어삼키고 있는 물건이니 이것이 무슨 물건인고? … 나의 본래 구주인舊主人의 면목을 보지 못하고 알지 못하기 때문에 부모가 낳기 전에 어떤 것이 본래면목인고? 의심하는 것이다. 또 만법귀일萬法歸一 화두話頭하는 법은 '만법이 하나로 돌아가는데, 그 하나는 어디로 돌아가는가?' 의심하는 것이다."[114]

---

113 위의 책, p.388.

114 백용성, 「수심정로」, 『각해일륜』 3, 『백용성 대종사 총서』 2, 대한불교조계종 대각회, 2016, pp.388~392.

참선을 할 때 온갖 망념이 화두 드는 것을 방해한다. 한 생각이 일어나고 한 생각 의심하는 것 이것이 마구니이다. 그때 의식전환의 방식으로 망념에 실체가 없음을 자각하고 화두에 매진하는 것이 중요하다. 계속 화두를 들고 의정에 들어가는 습관을 들이는 것이다. 생각이 나오는 그 자리에 화두를 드는 것이다. 무심의 자리, 청정으로 돌아가게 하는 화두! 의정에 들어가야 하는 것이다. 간절히 의정을 일으켜 나를 화두로 채워 보자. 보는 그놈을 본다는 그 생각을 초월하게 해주는 것이 화두법이다. 화두 참선법이다.

제51. 화두참구話頭參究하는 모양을 말함(제6)
어떤 사람이 묻기를, "화두를 의심하라고 하니, 어떻게 의심하여야 될까요?" 용성이 대답하기를 "어떤 사람이 귀중한 보배를 몸에 깊이 간직하여 애지중지하다가 홀연히 잃어버렸다(遺失). 그 사람이 모르고 있다가 손으로 보배를 둔 곳을 만져 보니 보배가 간데없거늘 그 사람이 의심이 나서, '보배를 어디에다 두었는가?' 하고 찾는 것과 같이 해야 할 것이다. … 화두만 일심으로 의심하여 궁구하고 추호라도 아는 마음과 구하는 마음을 두지 말아야 할 것이다. 날씨가 따뜻하고 바람이 부드러운(日暖風和) 봄철(春節)이 돌아오면 꽃피고 잎이 돋듯이 공부가 익으면 자연히 이같이 되는 것이다."[115]

---

115 백용성, 「수심정로」, 『각해일륜』 3, 『백용성 대종사 총서』 2, 대한불교조계종 대각회, 2016, pp.400~402.

처음에 참선할 때 가장 어려운 것 중의 하나가 항상 화두를 마음속에 지니고 있는 것이다. 스승님께 화두를 받았지만 평생 화두를 놓치고 살아가는 경우가 대부분일 수 있다. 특히 재가불자들은 시민선원들이 있기는 하지만 화두를 여법하게 지니고 생활 속에서 화두 수행하는 것이 결코 쉬운 일이 아니다. 그러나 그렇게 화두를 지니고 마음을 닦아 나가겠다고 연습하고 또 연습하는 그 자체가 수행이고 마음공부가 될 것이라는 것에는 의심의 여지가 없다.

화두를 받아 참선할 때 또는 일상생활 속에서 화두를 놓치지 않으려고 할 때 꼭 품 안에 있는 막대한 액수의 돈을 놓치지 않으려고 하듯이 해야 한다. 그렇게 화두를 놓치지 않으려고 애를 쓰고 애를 써야 한다. 간절한 마음을 일으켜야 한다. 의정을 일으켜 화두를 드는 것이 마치 화두로 연비하듯 나를 태우는 것이다. 화두는 그 한 만큼 달라진다. 내 생각의 한계를 뛰어넘는 것! 내 마음 내가 길들이게 해주는 것이 화두다.

제54. 마가 도를 해롭게 할 수 없음을 밝힘(제9)

대각께서 다시 말씀하시기를 "저 모든 마가 비록 크게 성을 내지만, 그의 무리들은 번뇌망상(塵惱妄想) 가운데 있는 것이고 … 도를 닦는 사람은 아는 마음과 구하는 마음을 두지 말고, 단지 일심으로 조사 공안을 의심하여 궁구해야 할 것이다. 기름이 밀가루 속에 들어가면 마침내 찾아낼 수 없는 것과 같아서, 한번 사도로 들어가면 나오기가 어려운 것이다.[116]

일념에 너무 빠져들어 집착하게 되면 마구니는 싸워야 할 대상으로 보았다. 번뇌망상이 마구니다! 그러나 망념은 더 이상 상대하지 말고 내버려두어야 한다. 그러면 저절로 사라진다. 그리고 부처와 마구니는 일념의 차이일 뿐이다. 양변에서 벗어난 것을 보여주는 게 화두다. 화두를 놓치면 다 마구니다. 내 생각이 모든 것을 만들 뿐이다. 그리고 그 생각을 초월하게 도와주는 것이 화두다. 참선을 할 뿐이다. 내 자신이 고요한 상태로 들어간 지도 모르게 고요해지며 화두에 푹 빠져서 참선할 때 자신도 모르게 의정에 들어가게 되는 것이다. 바로 청정에 들어간 자리! 번뇌망상과 보리가 둘이 아닌 자리에 있게 되는 것이다.

> 제55. 외도의 괴수된 자만 가림(제10)
> 요즈음에 각법覺法을 해치는 외도는 스님 가운데 가장 많고, 선지식 가운데도 간간이 있다. … (이 비유는 모든 병에 걸리지 아니하고, 다만 일심으로 화두만 하면 필경에 크게 깨친다는 말이다.) 양옆에 5십 군데로 갈라져 가는 길이 있으니, 그 길이 험악하여 독사와 호랑이 굴이 있어서 행인들이 낱낱이 호랑이 독사에게 잡혀 먹히게 된다. 이것은 오음 중에 5십 군데로 갈라 가는 험악한 샛된 길을 말한다.[117]

---

116 백용성, 「수심정로」, 『각해일륜』 3, 『백용성 대종사 총서』 2, 대한불교조계종 대각회, 2016, p.404.

117 백용성, 「수심정로」, 『각해일륜』 3, 『백용성 대종사 총서』 2, 대한불교조계종 대각회, 2016, pp.404~405.

모든 경계는 내 마음이 만들어낸 그림자다. 화두를 놓친 순간이다. 내 마음 다스리는 신통보다 더한 신통은 없다. 모든 것은 답이 안에 있다. 밖에서 구하려 하면 답이 없다. '모르는 그 놈'을 간절히 일으키게 하는 것이 화두다. 화두 놓치고 모든 경계를 따라가니 내가 외도를 만드는 것이다. 용성 선사의 말처럼 일심으로 화두만 하면 모든 병에 걸리지 않고 크게 깨치게 된다는 것이다. 화두와 일념이 되어 의정이 독로되면 필경에는 꼭 깨치게 된다는 백용성 선사의 믿음과 같은 말이다. 화두를 들 때 모든 힘을 다해 노력해야 되는 것이다.

> 제56. 색음色陰이 녹아질 때에 열 가지 경계가 나타남(제11)
> 비유하자면 날이 지극히 추워서 물이 어는 것을 얼음이라 하고, 마음이 흔들리고 움직여(動蕩) 그 습기로 맺힌 것을 오음이라 하는데, (색음은 오음 가운데 하나로 있는 것이다.) 어찌 음陰이라 하는가? … 모든 생각을 일으키지 말고 다만 일심으로 공부만 해야 할 것이다. 모든 마군이는 스스로 없어지고 공부는 점점 앞으로 나아갈 것이다. 만일 이 경계를 깨치지 못하면 자기의 신세를 그르치게 될 것이다. 세상 사람이 조금만큼 아는 것이 있으면 희유한 생각을 내어 마음이 전도되는 까닭으로 대도에 들어가기가 어려운 것이다.[118]

백용성은 색음色陰이 녹아질 때에 열 가지 경계를 열거하였다. 첫째

118 백용성, 「수심정로」, 『각해일륜』 3, 『백용성 대종사 총서』 2, 대한불교조계종 대각회, 2016, pp.405~406.

는 몸이 걸림 없이 어디든 왕래할 수 있고, 둘째는 몸이 온통 환히 보이며, 셋째는 공중에 설법함을 듣는 것이 있다. 넷째는 마음의 광명이 밝아 온 세계에 환하게 비추며, 다섯째는 허공이 보배 빛으로 변하는 것인데 마음을 억제하여 참된 생각마저 없어지게 되는 데서 오는 것이다. 여섯째는 마음공부가 더욱 깊어져 마음에 광채가 찬란하여 어두운 것을 보게 되는 것이고, 일곱 번째는 몸을 칼이나 불로 헤쳐도 알음을 깨치지 못하는 것이고, 여덟 번째는 자기의 생각에 갇혀 불국을 이루는 것이며, 아홉 번째는 한밤중에 산이든지 물이든지 그냥 원근에 걸림 없이 사물을 보는 것이고, 열 번째는 외마가 들어와 그 마군의 신통력으로 선지식도 나투고 귀신도 나투고 사자도 나투며 그 변화가 무쌍하여 공부를 저해하는 것인데, 이 열 가지 경계가 나타나도 여기에 휘둘리지 말고 다만 일심으로 화두를 들며 공부만 해야 한다고 백용성 선사는 말한다. 그렇게 하다 보면 모든 마군은 스스로 사라지고 공부는 더욱 진전될 것이다. 그래서 화두 참선할 때는 오로지 화두다. 화두참구일 뿐이다. 화두, 화두, 화두다. 의정에 들기 위해 습관화해야 한다. 마음의 그릇을 키워야 한다. 번뇌망상이 일어날 때 의식을 전환시켜 화두로 돌려야 한다. 보는 그놈만 안 놓치면 된다.

제57. 수음受陰이 녹아지려고 하면 열 가지 마군이가 나는 것을 말함(제12)

모든 아는 것(識)을 두지 아니하고 일심으로 나아감에 색음은 녹아지고, 또다시 수음을 녹이고자 할 때에 열 가지 마군이 경계가 나타나는 것이니 자세히 보고 공부해야 할 것이다. … 또 '생각이

> 일어나든지 생각이 멸하든지 간섭할 것이 없으니, 탕탕무애蕩蕩無礙하여 뜻대로 할 것이다'라고 하니, 이것은 자연의 체를 지키어 도를 삼는 것이다. 이와 같이 가르치는 것이 다 마군의 권속이고, 대각성인의 도가 아니다.[119]

백용성 선사는 수음이 녹아질 때에 열 가지 경계를 열거하였다. 첫째, 비마가 마음에 들어가 심지어 모기만 보아도 눈물을 흘리며, 둘째는 미친 마구니가 마음에 들려 모든 성현을 업신여기는 것이고, 셋째는 선정의 힘은 강해지나 지혜는 적고 수음은 다 녹지 못했는데 색음은 이미 다 녹고 의지할 곳을 알지 못하니 크게 답답하여 목마른 생각을 일으킨다는 것이다. 넷째는 내가 위없는 도를 철저히 증득했다고 여기고 다시는 공부를 하지 않고, 다섯째는 근심 마군이가 붙은 것이고, 여섯째는 희마가 붙어 즐거운 마음을 걷잡을 수 없게 되고, 일곱 번째는 아만심을 걷잡지 못하고 모든 경과 성상을 공경하는 것을 허망하다고 하며, 여덟 번째는 노래와 춤을 추며, 아홉 번째는 인과가 없다고 주장하며, 열 번째는 사랑하는 마음을 내어 욕마가 붙은 것이다. 그래서 오로지 화두를 들 뿐이다. 화두를 든 만큼 달라진다. 일념이 일어나고 한 찰나 화두를 놓칠 때 마구니가 일어난다. 화두로 번뇌망상을 부처로 만들어 보자. 생각의 한계를 뛰어넘어 보자. 내 스스로가 고요인지 모를 정도로 푹 빠져야 의정에 들어가 버리는 순간이 된다. 고요한지를 알면 이미 고요 속에 들어가 있는

---

119 백용성, 「수심정로」, 『각해일륜』 3, 『백용성 대종사 총서』 2, 대한불교조계종 대각회, 2016, pp.408~409.

것이 아니다.

제58. 상음想陰이 녹아질 때에 열 가지 경계가 나는 것을 말함(제13) 일심으로 마음을 닦는 데 수음은 비록 녹았을지라도 또다시 상음이 있는 것이다. 다시 용맹 정진하여 일심으로 정진精進하면, 상음이 녹을 때에 열 가지 경계가 나타나는 것이다. 상음이라 하는 것은 부동浮動하는 망습이니, 낮이면 생각이 되고 밤이면 꿈이 되는 것이다. 그러하므로 상음이 녹아지면 꿈이 없어지고, 자나 깨나 한결같아서 말끔한 허공과 같은 것이다. 그러나 이때에 마가 제일 극심하나니, 이 글을 자세히 보시오. … 여간해서 도에 눈이 밝아가 지고도 도인을 알기 어려운데, 어찌 나의 눈이 밝지 못하고 남의 도를 알 것이오? 부디 신도들은 '음주식육이 무방반야이다'라는 스님들이 비록 선지식일지라도 따라 배우지 마시오.[120]

화두 한 번 놓친 것이 경계를 따라가고, 백용성 선사의 말처럼 마구니에게 속임을 당하는 것이다. 백용성은 경계에 속고 마구니에 넘어가다 보면 '음욕도 술과 오신채도 상관없다'고 말하는 스님들이나 명성을 얻은 선지식이 있는데[121] 신도들은 따라 배우지 말라고 경고하고

---

120 백용성, 「수심정로」, 『각해일륜』 3, 『백용성 대종사 총서』 2, 대한불교조계종 대각회, 2016, pp.408~410.

121 정수, 「선수행의 대중화에 대한 일고-용성 선사를 중심으로」, 『大覺思想』 13, 대각사상연구원, 2010, p.69, "외도의 괴수는 이러한 선지식 가운데 제일 많다고 하면서 이는 禪師公案을 확실히 깨닫지 못하고"라고 하며 정수는 백용성 선사가 선을 잘못 지도하는 사람들도 냉엄하게 꾸짖음을 지적한다.

있다. 불교는 깨달음과 수행의 종교이다. 지금 시대에 백용성 선사의 가르침을 한 번 더 생각하게 된다. 용성은 아는 것과 구하는 것은 공부에 큰 장애가 된다고 한다. 이 공부가 이해로 되는 공부가 아니고 이해로 구하려면 이미 도하고는 큰 거리가 있는 것이다. 어둠이 없고 생각을 인위적으로 일으키지 않으면 그것이 부처 그 자체이며 광명 그 자체인 것이다. 어떠한 경계가 일어나도 그 모든 것은 마음의 그림자이니 절대 경계에 속지 않아야 한다. 우리의 감정이나 업에 끌려다니지 말고 화두 일념으로 정진하는 것이다.

제59. 외도의 종류를 밝힘(제14)
대체로 대각의 도를 닦아 정도를 크게 깨치지 못하고 외도로 떨어지는 것은 외도라도 큰 외도가 되는데, 그 다음에는 족히 말할 것이 없다. … 대체로 행음은 만 가지를 화하여 일으키는 생멸의 근원이 되기 때문에 태·란·습·화 십이유생十二類生의 근원을 보지 아니함이 없으므로 문득 아는 것을 일으켜 외도가 되는 것이다. 이것은 행음이 허망한 줄 알지 못한 탓이며, 또 색음이 생명의 근본이 됨을 알지 못한 것이다.[122]

모든 경계는 모두 내 마음의 그림자이다. 오로지 절실히 화두를 들 뿐이다. 어떠한 경계가 일어나도 내 마음의 그림자이다. 어떤 경계에도 속지 않아야 한다. 내 자성 자리 못 보면 깨닫는 것이 아니다.

---

122 백용성, 「수심정로」, 『각해일륜』 3, 『백용성 대종사 총서』 2, 대한불교조계종 대각회, 2016, p.410.

이것이 선불교의 소중함이다. 윤회를 끊는 것이 아니다. 화두 일념이 되어야 한다. 백용성 선사는 대각의 도는 일심으로 닦아 성취되는 것이어서 하늘이나 권신을 섬겨서는 안 된다는 말을 계속 강조하는 것이다. 진정성을 가지고 화두를 참구하는 것은 모든 외도를 떨쳐버리고 그 권속이 되지 않는 지름길인 것이다.

> 제60. 행음과 색음이 다 녹지 못하고 그 가운데 앉아 외도됨을 밝힘(제15)
> 첫째는 색·수·상·행·음이 텅 비면 일체중생이 이곳에서 나서 저곳에서 죽는 것을 알지 못함이 없지만 … 행음이 곧 생멸의 근원이 됨을 알지 못하는 것이다. 이것들을 모두 이름하여 상견외도(常外道)라고 하는 것이다.[123]

참선할 때 진정성을 가지고 화두에 들어야 한다. 화두만큼 무념으로 들어가기가 쉬운 것이 없다. 내 마음 길들이는 것이 간화선법이다. 내 몸은 내가 아닌데 내 생각은 더욱 내가 아니다. 오로지 화두만 들 뿐이다. 모든 경계는 생각의 그림자이다. 생각에 휘둘리지 말자. 망상을 망상이라 생각하지도 말고 오직 화두! 무심에 들어 진삼매에 빠지면 청정 자체에 들어간다. 바다와 파도가 하나이듯 보리와 번뇌망상이 하나가 되는 순간이다. 다만 집착 없이 공부를 지어 나가라는 선사의 당부가 절절할 뿐이다.

---

123 백용성, 「수심정로」, 『각해일륜』 3, 『백용성 대종사 총서』 2, 대한불교조계종 대각회, 2016, pp.410~411.

> 제61. 상常·무상無常 외도를 말함(제16)
> 혹 나는 떳떳하고(常) 다른 이는 무상하다 하는 것이니, 나의 맑은 성품은 시방세계에 두루하여 얽히어 없어지지 아니하거든 일체중생이 다 나의 맑은 성품 가운데에서 스스로 일어났다가 멸하였다가 하는 것이다. 그렇기 때문에 나 하나만 떳떳한 것이고, 일체중생은 다 무상한 것이라고 하는데, 이것은 팔식八識을 지키는 외도인 것이다. 고금에 외도가 단견과 상견에 더 벗어남이 없으니 그만두고자 한다.[124]

간절히 의정을 일으켜 화두를 들 뿐이다. 모든 번뇌망상을 화두의 용광로에 녹여 보내자. 이것은 모든 번뇌망상 중생을 부처로 제도하는 순간이다. 마구니들이 이리저리 괴롭힐 수가 없다. 보살이 되고 부처가 되고 아수라가 되는 것은 다 내가 짓는 생각에 있다. 부처도 구하지 말고 보살도 구하지 말고 마구니에도 권속되지 말고 그저 일심으로 공부를 지어 나가야 한다. 모든 것이 내 마음의 그림자이다. 이 모든 것에도 집착하지 말고 무엇이 의정 형성을 방해하는지 정확히 알고 간절히 화두 일념이 되는 것이다. 이것이 청정 그 차체로 되는 것이다.

참선불교에는 내가 내 자신을 깨달아야 한다는 위대한 가르침이 담겨 있다. 그러기 위해 한번 속는 척하고 모든 것을 화두로 돌려보자. 양변을 떠나 부처님을 기쁘게 해 드려 보자. 지금까지 『수심정로』의 내용을 살펴보면 백용성은 우선 화두를 참구함에 있어 좋은 화두 나쁜 화두가 없다고 단호하게 강조한다. 천칠백 화두는 그 참구하는

---

124 위의 책, p.411.

법이 같다고 하였다. 또한 화두에 의정을 크게 일으켜 의정 외에는 달리 아는 생각을 내지 않으면 활구 참선이 된다고 확신을 가지고 가르치고 있다. 이는 스스로 깨달은 선지식으로서 일러줄 수 있는 가르침이며 때때로 공부가 덜 되었지만 '선지식'이라 자처하는 사람들에게 주는 가르침이다.

백용성은 『수심정로』에서 참선을 통해 마음을 깨치려는 사람들을 거짓 '선지식'들이 미혹에 빠뜨릴까 심히 우려하였다. 그리고 백용성은 화두를 참구할 때 생기는 모든 병통을 자세히 밝혀줌으로써 우리가 마음을 닦을 때 빠지기 쉬운 장애를 구별해 주었다. 또한 한결같이 어떠한 경계를 만나더라도 이러한 경계들은 화두를 참구하며 마음을 깨치는 것과는 아무런 상관이 없으니 오로지 강한 의정을 일으켜 화두를 참구하라고 일러주고 있다. 스스로가 크게 깨달아 체험하지 않고는 해줄 수 없는 가르침이라 생각한다. 백용성은 일제 강점기 우리의 전통불교인 참선을 중흥시키고 포교하는 데 올바른 공부법을 일러준 선각자이며 선지식이었다.

제2절 『수심론修心論』

1936년 대각교 중앙본부는 백용성의 저술인 『수심론』을 발간하였다. 백용성은 『수심론』에서 화두 참선 시에 나타날 수 있는 여러 문제점과 그러한 문제점들을 해결하는 방법들을 문답식으로 설명했다. 그리고 간화선 수행법에 대하여 대중들이 알기 쉽게 정리해 주었다. 백용성은 『수심론』에서 제자의 질문에 답하며 스스로 수행한 방법을 말해주고 있다.[125] 『수심론』의 구성은 다음과 같다.

〈표 2-2〉『수심론修心論』의 구성[126]

1. 본종편本宗篇
2. 요등각로결택진망要登覺路決擇眞妄
3. 무자화두병無字話頭病
4. 요참화두절기지해要參話頭切忌知解
5. 발기의정요수승진發起疑情要須勝進
6. 요수심공선택정로要修心工先擇正路
7. 대각교지大覺教旨
부록: 대각교지취大覺教旨趣

백용성은 「본종편本宗篇」에서 제자가 어떻게 공부를 했는지에 대해 묻자, 백용성은 본래 스승이 있어서 공부하는 법을 받은 것이 아니라고 말한다. 그리고 '지금 이 생각이 어디서 일어나는가?' 하고 생각이 일어나는 곳을 살피고 다시 의심(의정)하니, 홀연히 통의 밑바닥이 빠진 것과 같아 내 몸과 분별하는 마음 전체가 원래 공하여 한 물건도 없더라고 말한다. 그리고 지금까지 선지식을 만나 보지 못했다고 말하며 스승님께 일과로 배운 것은 '천수진언'과 '육자주'뿐이었다고 말하고 있다.

---

125 백용성, 『修心論』, 『백용성 대종사 총서』 1, 대한불교조계종 대각회, 2016, pp.761~791.

126 위의 책, p.759.

백용성은 1883년에 금강산에서 다시 공부에 매진했는데 '은산철벽'에 갇혀 더 나아갈 수 없었다. 그리고 1884년에 도솔암에 와서 홀연히 마음의 경계가 공하여 능견·소견과 능각·소각이 없어졌다고 한다. 이후에 유위법과 무위법, 세간법과 출세간법과 백만아승지의 모든 법이 하나도 이곳에 얼찡거릴 수 없게 되었다고 한다. 그리고 1885년에 전라도 순천군 송광사 삼일암에서 '일면불월면불 화두日面佛月面佛話頭'와 '무자화두無字話頭'로 다시 깨치게 된다. 1886년 가을 낙동강을 건너갈 때 게송 한 수를 지으며 4차 오도를 체험하게 된다.[127]

1887년 3월에 전라도 금구군 용안대에서 백용성은 스스로 묻기를, 세상 사람이 일대사인연을 다 마쳤다고 해도 도의 근원을 모두 통달하지 못했다고 말하였다. 요즘 공부하는 사람은 모이면 방도 주고 할도 하고 격외 소리도 하지만, 자세히 점검해 보면 격외 소리를 해놓고 자신이 알지 못하는 것도 많다는 것이다. 또한 백용성은 "깨달음을 볼 수 없다고 깨달음이 없는 것이 아니라면서 각覺, 곧 깨달음은 나의 본성이며 공도 아니고 또한 공한 것도 아닌 것도 아니다"라고 한다. 각이 곧 본성인 것이다. 백용성은 이어서 말하기를 "각은 지혜로도 알 수 없고 알음알이로도 알 수 없는데, 이것은 바닷물의 짠맛이 맑고 흐리고 움직이고 고요함에 관계없이 전체가 짠 것과 같아 오직 삼계만법이 각이다. 이름과 모양으로 표시하자면 각은 곧 나의 본명원신 진공이고 묘유"라고 말한다.

백용성은 또한 마음 닦는 법에 대해서도 말하기를 '마음은 닦을

127 『백용성 대종사 총서』 1, 「本宗篇」, p.762, "金烏千秋月洛東萬里波漁舟何處去依舊宿蘆花."

게 있어 닦는 게 아니다. 다만 뜻을 모양에 집착하지 아니하고 본래 성품과 같이 행하면 이것이 근본삼매가 되어 점차 백천삼매를 얻게 된다'고 말한다. 또한 시각에 대한 세 가지 뜻도 설명해준다. 백용성은 『수심론』「마음공부 하는 바른 길」[128]에서 제자가 '화두를 쉽게 성취하는 길'을 묻자 답하기를 '도를 닦는 사람은 화두에 큰 불구덩이와 같이 의심하고 의심해야 함'을 강조한다. 이것은 마치 한 장수가 홀로 보검을 들고 백만 군중에 들어가는 것과 같이 용맹하게 분투해야 한다는 것이다. 이렇게 해야 사대가 공한 것을 성취한다고 말한다. 또한 '마음공부하는 데는 아는 것이 큰 병이 된다고 하니 아는 것을 버리고 단지 오로지 화두에 의심만 낼 뿐이다. 또한 혼침昏沈과 산란散亂에 빠져서도 안 됨'을 강조한다.

백용성은 마음공부에 세 가지 요점이 있는데 첫째는 대신심大信心, 둘째는 대분심大憤心, 셋째는 대의심大疑心이라고 말한다. 이 가운데에 하나라도 빠지면 다리가 부러진 솥과 같아 공부를 이룰 수 없는 것이다. 공부를 성성적적惺惺寂寂하고 밀밀면면密密綿綿하게 해야 한다고 당부하고 있다. 공부를 해나가는 중에 일체의 행주좌와 어묵동정에 짓는 바와 하는 바에 무심하게 될 때가 있는데, 이때 마구니가 육근문에 있어서 알음알이를 내는데 이때 다만 화두만 의심하고 의심하면 마구니가 어찌하지 못할 것이라고 가르친다. 간절히, 간절히 화두를 참구하면 반드시 투철할 때가 있음을 말한다.

백용성은 마지막 대각교 취지에서 대각의 뜻을 말한다. '대각의

---

128 백용성, 『修心論』, 『백용성 대종사 총서』 1, 대한불교조계종 대각회, 2016, pp.788~790.

뜻은 석가세존께서 대각심인을 설하시고 가섭존자가 깨달은 줄 아는 데 이어서 세 곳에서 법을 전하니, 이것이 곧 교외별전을 전하신 것임'을 밝히고 있다. 그리고 다시 세 곳에서 전한 법을 일러준다. 첫째는 다자탑 터에서 자리를 나누어 앉으신 것이고, 다음은 영산회상에서 연꽃을 들어 올리신 것이며, 셋째는 사라쌍수 사이의 곽 안에서 두 발을 나타내신 것이다.[129]

이것이 대각의 뜻이고 그래서 대각교라 부른다고 한다.

백용성은 『수심론』에서 마음 닦는 법의 개요 및 화두 참선법과 화두 참선 시에 나타날 수 있는 여러 문제점과 병통을 해결하는 방법을 알려주고 있다. 『수심론』은 1936년에 출간되었는데, 본문의 제2절 요등각로결택진망의 내용은 1922년 초고가 나온 『수심정로』의 색음·수음·상음·행음이 녹아질 때에 열 가지 경계를 설명하는 부분과 대부분 같다. 뒤에 나온 『수심론』에서 다시 한 번 화두 참선 시에 나타나는 경계를 되짚어 설명하고 참선할 때 방해하는 마장을 설명하며 화두참구 시 간절하게 의정을 일으켜야 함이 얼마나 중요한지를 강조하는 백용성 선사의 마음을 읽을 수 있다.

또한 백용성은 "대체로 경전의 가르침과 고덕들이 깨달음에 들어가신 인연을 살펴보는 데도 마음이 아직 명료하지 못하여서 미혹하고 혼미하다. 그러므로 재미가 없는 것이 마치 쇠붙이나 나무껍질을 씹는 것과 비슷하다고 느껴질 때가 바로 힘을 다하기에 좋은 때이다. 가장 중요한 것은 화두를 놓아버려서는 안 된다는 것이다. 바로 의식이

---

129 백용성, 『修心論』, 『백용성 대종사 총서』 1, 대한불교조계종 대각회, 2016, pp.790~791.

실행되지 않고 생각이 이르지 않아서 분별이 끊어지고 의의意義가 소멸된 곳이기 때문에 한눈팔지 않고 곧장 화두를 촉발하면, 잊은 것이 홀연히 기억나는 것 같고 잠을 자다가 꿈에서 깨어나는 것 같을 것이다."[130] 이처럼 백용성은 화두를 놓치지 않는 것이 가장 중요하다고 말하고 있다.

백용성은 『수심론』의 무자화두병, 요참화두절기지해, 발기의정요수승진에서 화두를 참구할 때 일어날 수 있는 병통을 밝히고 있다. 이것은 『수심정로』의 「화두참구 시 제 병통을 자세히 밝힘」에서도 설명하고 있는 같은 내용이다. 그리고 이 책 다음 절에서 소개되는 『용성선사어록』의 「총론선병장總論禪病章」에서도 같다고 하겠다. 백용성은 의정을 형성하는 데 방해가 되는 것들을 열 가지로 분류하여 선병禪病이라고 불렀다. 『용성선사어록』 제5장 「총론선병장」에서도 무자화두의 십종병에 대해 하나하나 자세히 상술하고 있다. 화두에는 여러 가지가 있는데 특별히 '무자화두'를 어떻게 드는지를 묻자 백용성 선사는 하나를 들면 모든 것이 수용된다고 답한다. 정리해 보면, 백용성은 『수심론』의 무자화두병, 요참화두절기지해, 발기의정요수승진에서 화두를 참구하는 데 일어날 수 있는 병통을 밝힘으로써 화두를 간함에 있어 의정 형성의 중요성을 강조하고 있다. 결론적으로 백용성은 『수심론』에서도 화두 참선 시 의정 형성을 방해하는 각각의 병을

130 「용성선사어록」, 앞의 책, p.128. "古云凡看經教와及古德入道因緣호대心未明了하야覺得迷悶沒滋味가如咬鐵橛相似時에正好着力이니第一에不得放捨話頭어다乃是意識이不行하며思想이不到하야絶分別滅義路處에驀然觸發하면如忘忽記하며如睡夢覺이니라."

자세히 설명하지만, 그것들을 헤아리려 하지 말고 오직 화두만을 참구하라는 그의 간화선 수행법을 설파하고 있다.

제3절 『오도吾道의 진리眞理』[131]

『오도의 진리』에서 백용성 선사는 대각교 수행의 핵심과 사상적 목표를 자문자답 형식으로 풀어내며, 본성, 깨달음, 대원각성, 그리고 수행 방식을 여러 가지 비유를 통해 상세히 설명하고 있다. 이 책에서 불교의 핵심 개념인 '본성(자성)'의 깨달음에 대해서 백용성은 본성은 직접 볼 수 없지만 분명히 존재하며 언어로 표현할 수 없고 마음으로 인식할 수 없는 것이 본성의 특징이라고 말한다. 깨달음은 모든 곳에 존재하며 우리의 일상적인 감각 활동(보고, 듣고, 냄새 맡고, 맛보고, 움직이는 것) 모두가 깨달음의 표현이라는 것이다. 또한 본성은 범부와 성인 모두에게 동일하게 존재하며, 본성을 참으로 깨달았다고 한다면 분명한 것이고 더 이상 말할 것이 없지만 다만 앵무새처럼 말로만 깨달음을 이야기하는 것은 진정한 깨달음이 아니고 실제로 체험하고 깨닫는 것이 중요하다고 설명한다.

또한 이러한 본성이 분명한데 우리가 집착함으로서 마음의 병을 얻어 진정한 깨달음에 이룰 수 없고 여러 가지 업을 지어 천당과 지옥과 선과 악과 깨끗하고 더러움을 받게 된다고 한다. 본성의 깨달음은 추상적인 개념이 아니라 일상생활 속에서 실현될 수 있고 마음의

---

131 백용성, 「오도吾道의 진리眞理」, 『백용성 대종사 총서』 2, 대한불교조계종대각회, 2016, pp.661~666.

집착에서 벗어나 마음의 병도 치료할 수 있음을 강조하고 있다. 백용성은 마음의 병의 원인은 육근六根과 육경六境이 부딪혀 육식六識이 생겨 병이 나는 것임을 말하며 모든 감각과 법에 마음이 머물지 않고 집착하지 않으면 병이 없어질 것이라고 한다. 마음이 정定과 혜慧에 이르면 모든 습기가 자연히 소멸하며 모든 마음의 병은 없어질 것이라고 백용성은 강조한다. 또한 번뇌와 망상은 따로 처소가 있는 것이 아니라 번뇌와 망상이 곧 집착이라고 말씀하시는데 우리가 일상에서 어떻게 번뇌와 망상을 다스려야 하는지를 되새겨 보게 된다. 곧 우리의 모든 생각과 감정은 공空하고 실체가 없는 것이니 내려놓아야 한다는 말씀으로 해석된다. 백용성은 『오도의 진리』에서 마음의 병을 치료하는데 참선, 염불, 주력 등 구체적인 수행법을 소개하고 있다. 그러면서 여러 수행법 중 참선이 가장 좋다고 강조한다. 예를 들어 시심마是甚麼 화두를 들어 일심으로 참구하며 조금도 알음알이를 내지 않으면 미세한 번뇌가 완전히 끊어지고 대원각지大圓覺智가 홀로 드러나 마치 달이 높은 하늘에 나타나는 것과 같다고 소개한다.

『오도의 진리』는 인과법칙의 중요성과 마음의 역할을 설명하고 있다. 삼계유심三界惟心과 만법유식萬法惟識의 개념을 언급하며, 모든 것이 마음에서 비롯된다고 설명한다. 모든 것에는 원인因과 결과果가 있다고 주장한다. 그래서 선행에는 좋은 결과가 악행에는 나쁜 결과가 따른다고 설명한다. 마음의 생각이 신체적 반응을 일으켜 맛있는 음식을 생각하면 입맛이 돌고 신 음식을 생각하면 침이 나오며 번뇌하면 몸에 열이 나는 등의 예시를 들어 보인다. 이 모든 현상은 마음에서 비롯된 것이며 외부의 다른 요인이 아님을 강조한다.

백용성은 『오도의 진리』에서 깨달음은 모든 곳에 존재하며 이것을 마음이 온전히 깨달은 것이므로, 모든 곳에서 깨달음을 얻는다고 했다. 깨달음은 형체가 없지만 분명히 존재하며 일반적인 방식으로는 인식하기 어렵다는 것이다. 그리고 이것을 실현하기 위해서는 마음의 나쁜 습관을 제거하는 것이 중요하다고 강조한다. 대도大道는 분명하여 참구할 필요가 없지만 우리가 본각진성本覺眞性을 잊었기에[132] 우리 마음의 습기習氣를 제거하기 위해서 하는 것인데 여기서도 깨달음을 실현하기 위해서는 화두 참선이 최고의 수행법임을 암시하고 있다. 백용성은 마음을 산란하지 않게 하고 어리석지 않게 유지하며 모든 상황에서 무심하며 감각적 경험에 집착하지 않고 마음과 외부 세계를 분리하여 인식하는 노력을 함으로써 습기를 제거할 수 있다고 한다. 참구를 권하는 대목이기도 하다.[133] 특히 하근기 수행자들은 자신의 생각이 어디서 오는지 계속 관찰해 깨달음을 얻은 후에도 지속적인 수행을 통해 습기를 없애야 한다고 당부한다. 이것은 깨끗한 옥을 갈아야 사용할 수 있듯이, 깨달음 후에도 지속적인 수행을 통해 습기를 제거해야 한다고 강조한 것이다.

---

132 백용성, 「오도吾道는 각覺」, 『백용성 대종사 총서』 2, 대한불교조계종대각회, 2016, p.672.

133 위의 책, p.672.

제4절 『오도吾道는 각覺』[134]

백용성 선사는 『오도는 각』에서 제자 백엄의 '지극한 도' 가 무엇인지에 대한 질문에 지극한 도는 바깥사람에게서 구할 것이 아니며 또 구하여 알려고 하는 것은 진정한 도가 아니라고 답한다. 그리고 백엄이 '나의 도는 각'이라는 의미를 묻자 백용성은 석가대각釋迦大覺께서 "끝없는 허공이 원각圓覺에서 나타난다"고 하셨는데 비유를 들자면 깨달음은 어두웠던 방에 불을 켜면 순식간에 어둠이 사라지고 빛만 남는 것과 같다고 말한다. 허공이 깨달음 속에 나타나는 것은 한 물거품이 바다에 나타나는 것과 같아 허공은 작고 깨달음은 더 크고 근본적이라는 것이다. 이것이 '나의 도는 각'의 의미이다.

백용성은 부처님의 말씀을 인용하며 깨달음의 본질은 마치 거대한 바다와 같고 맑고 둥글며 완전하고 묘하다고 말한다. 여기서 바다와 같은 깨달음의 본질은 본각本覺으로 세상의 모든 것들이 생겨나기 전부터 존재하는 근본적인 실체를 의미한다. 본각은 비유로 보자면 바다 전체가 물에 젖어 있는 것과 같다. 우리의 본질 어디를 살펴봐도 깨달음의 성질이 나타난다. 깨달음의 본질은 어떠한 이름이나 형태도 붙일 수 없고 그저 맑고 순수하고 완전하다고 보는 것이다.

또한 백용성은 백엄과의 대화에서 도와 깨달음의 본질에 대해서 우리에게는 이미 맑고 완전한 깨달음이 존재하다고 말하며 본각本覺, 시각始覺, 구경각究竟覺을 설명한다. 본각은 우리 모두가 태어날 때부

---

134 백용성, 「오도吾道는 각覺」, 『백용성 대종사 총서』 2, 대한불교조계종대각회, 2016, pp.669~676.

터 이미 깨달은 존재라는 것이다. 시각은 우리가 본래 깨달은 존재라는 사실을 깨달았다는 것이다. 구경각究竟覺은 궁극적인 깨달음으로 모든 경계에 도달한 상태를 의미한다. 백용성의 가르침은 도와 깨달음의 본질을 깊이 탐구하는 것이다. 이는 본각本覺, 시각始覺, 구경각究竟覺의 세 단계를 통해 설명되며 모든 존재가 본래 깨달음의 성품을 지니고 있음을 강조한다. 결국, 이 세 가지는 따로 존재하는 것이 아니라 하나이다. 우주의 모든 것, 우리의 모든 경험이 바로 이 깨달음의 표현인데 보고, 듣고, 냄새 맡고, 맛보고, 느끼는 모든 순간이 바로 깨달음의 작용이라는 것이다. 하지만 동시에 이 깨달음은 어떤 특정한 형태나 이름으로 정의할 수 없다고 한다. 진정한 깨달음의 상태에서는 아무 것도 특별히 '아는' 것이 없다. 모든 것이 있는 그대로 완벽하게 존재할 뿐이다. 이것이 바로 우리의 참된 본성이라고 한다. 중요한 것은 이러한 깨달음을 단순히 이해하는 것이 아니라, 직접 체험하고 경험하는 것이다. 우리 모두는 이미 깨달은 존재이며, 그 사실을 깨닫고 살아가는 것이 중요하다고 백용성은 깨달음을 설명한다.

백엄이 "어떻게 참구하여야 이 미묘한 본각을 깨칠 수 있겠습니까?"라고 물었을 때 백용성은 "대도大道는 이미 분명하고 명백하여 굳이 참선할 필요가 없다고 한다. 도인은 망상을 없애려 하지도, 참된 것을 찾으려 하지도 않는다. 심지어 부처님도 수행할 것도, 증득할 것도 없다고 하셨다. 당신이 바로 당신 자신인데, 무엇을 더 닦고 얻으려 하나? 왜 굳이 참선을 하려고 하나"라고 말했다. 이는 우리가 이미 완전하다는 뜻이며 따로 노력해서 얻을 것이 없다는 의미이다. 백용성은 진정한 깨달음에 이른 사람은 인위적인 노력이 필요 없고 우리의 본질은 이미 완전하며, 그것을 있는 그대로 받아들이는 것이 중요하다고 가르친다.

백엄은 과거부터 지금까지 많은 사람들이 참선을 통해 깨달음을 추구해 왔는데, 왜 진정한 깨달음에 이른 사람은 참선을 하지 않는다고 하는지를 묻는다. 백용성은 사람들이 본각진성을 잊었기 때문에 참선을 권했지만 대도에 이른 사람은 참선이 필요치 않다고 한다. 우리 모두가 이미 깨달은 존재이며 참선은 그 사실을 깨닫기 위한 도구일 뿐이라는 뜻이다.

백엄은 또 백용성 스님에게 어떻게 하면 우리의 성품을 볼 수 있는지 묻는다. 이에 백용성은 우리의 성품을 '본다'는 것은 일반적인 의미의 보는 것과는 다르다. 눈이 자신의 눈을 보지 못하니 만일 본다면 망견이고 마음이 제 마음을 보지 못하니 만일 본다면 망견이라는 것이다. 우리는 산이나 바위의 모양은 볼 수 있지만 그것의 '성품'은 눈으로 볼 수 없다. 소금의 짠맛이나 물의 젖는 성질도 마찬가지로 눈으로 볼 수 없다. 심지어 눈에 보이는 물건들의 성품도 볼 수 없는데, 하물며 우주가 생기기 전부터 존재했던, 형태도 없는 우리의 성품을 어떻게 볼 수 있겠나? 백용성은 우리의 참된 성품은 일상적인 감각이나 인식으로는 파악할 수 없으며, 그것을 '본다'는 것은 일반적인 의미의 '봄'과는 다르다는 것을 강조하고 있다.

백용성은 『허공장경』을 인용하며 부처님의 말씀을 마구니의 말로 비유하고 조주 선사는 '부처'라는 단어조차 좋아하지 않았다고 했다. 또한 부처님께서는 부처님과 조사도 인정하지 않는데 어떻게 부처님이라는 견해와 그의 가르침이라는 것이 성립하겠는가?라고 말했다.

그리고 이 말씀은 모든 우리의 고정관념을 부셔버린 것이라고 한다. 백용성은 우주의 모든 세계는 끊임없이 생겨나고 사라진다고 말했다. 이는 어떤 것에 속하지도, 벗어나지도 않으며, 묶여 있지도, 자유롭지도 않다. 모든 생명은 본질적으로 부처와 같고, 삶과 죽음, 심지어 깨달음까지도 지난밤 꾼 꿈과 같다고 용성은 말했다. 백용성은 또한 일부러 마음을 써서 깨달음을 추구하지 말라. 그렇게 하는 것은 마치 이미 머리가 있는데 그 위에 또 다른 머리를 얹으려는 것과 같다고 하며 우리의 성품은 이미 완전하다는 것을 강조했다.

백용성은 이미 도를 이룬 사람은 참선을 할 필요가 없지만 아직 깨달음을 얻지 못한 사람들은 참선 수행이 도움이 된다고 말했다. 선사는 예를 들어 세존께서 다자탑 앞에서 자리를 나누어 앉은 것, 영산회상에서 꽃을 드신 것, 그리고 열반 시 사라쌍수 사이에서 두 발을 보이신 것 등을 큰 불덩이와 같이 의심하며 일체를 분별하지 않으면 어느 순간 갑자기 모든 것이 환하게 통하여 도를 깨달을 수 있다고 하였다. 백용성은 가섭 존자의 경우도 마찬가지라며, 예를 들어 가섭 존자가 가사로 부처님을 감싼 것, 꽃을 보고 미소 지은 것, 부처님의 열반 때 세 번 절한 것 등의 의미를 머리로 이해하려 하거나 분별하지 않게 크게 의심하고 의심하면 도를 깨달을 수 있다고 말했다.

제5절 『용성선사어록龍城禪師語錄』

1. 구조와 이해

『용성선사어록』은 백용성의 법문, 어록, 강의 등을 1941년 9월 삼장역회에서 집대성한 문집이다. 그가 입적한 지 1년 후, 그의 상수제자인 하동산(범어사)이 발문을 쓰고, 김태흡이 이 책을 발행하였다. 여기에는 백용성의 선사상과 지성 그리고 현실인식을 알 수 있는 다양한 자료가 망라되어 있다. 필자는 이 책의 개요, 구성, 내용을 분석하면서 백용성 선사상의 특성을 도출하고자 한다.

『용성선사어록』의 제1장은 선지식을 참문하는 대목이다. 백용성이 태어나서 발심하고 이후 출가하여 수행하고 오도悟道하기까지 그 과정에 해당하는 내용으로 구성되어 있다.[135] 제2장은 10년(1900~1909년)에 걸쳐서 순서에 따라 문답한 법어 50회를 수록한 것이다. 제3장은 제종의 연원에 대한 대목인데 먼저 선종오가禪宗五家 이전의 종파에 대해서 설명하고 있다.[136] 다음으로 선종오가 각각의 연원과 그 지류에 대하여 설명하는데 임제종·조동종·운문종·위앙종·법안종의 순서로 설명하고 있다. 『용성어록』의 이와 같은 순서의 배열은 청허휴정의

---

135 김호귀, 「『용성선사어록』의 구성 및 선사상사적 의의」, 『大覺思想』 23, 대각사상연구원, 2015, p.49.

136 「용성선사어록」, 앞의 책, p.25. "慧識超越之龍城禪伯道經俱足施倫述作尤妙敍事 體格寧奇於平囿巧於樸要所能言者盡于是耳經目之珍不一諸書分爲之贊佇思其奧庶幾求遺珠者雖非言象所宣足爲嚆矢矣叢林中法幢可竪慧燈可續."

『선가귀감』의 경우와 동일하다.[137]

제4장의 낙소만화落笑謾話의 대목에서는 낙소만화라는 말에 어울리게 임제종의 선리에 대하여 다룬다. 가벼운 문답과 해설을 통하여 선법의 교의 내지 선가에서 소소하게 제기되는 의문과 그에 대한 명쾌한 답변으로 구성되었다.[138] 또 『임제록』에 등장하는 삼현三玄과 삼요三要에 대하여 언급한다. 그리고 다시 그 결과로서 올바른 인식과 관련하여 무심無心과 평상심平常心이 깨달음이라는 말에도 집착해서는 안 됨을 주의시킨다. 나아가 삼승의 계차에 대해서 구체적인 비유를 들어서 언급하고 있다. 즉 『금강경』의 '모든 현인과 성인은 무위법의 차원에서 차별한다'는 구절에 대하여, 그 무위법이야말로 성문승의 경우는 사성제四聖諦, 연각승의 경우는 십이인연법十二因緣法, 보살승의 경우에는 육바라밀六波羅蜜, 부처의 경우에는 일불승一佛乘이요 최상승最上乘이 된다고 말한다.[139]

제5장 총론선병總論禪病의 대목에서는 간화선의 화두수행에 대하여 논하는데 이때 의정을 가지고 간절하게 참구할 것을 권장한다. 특히 무자화두無字話頭를 참구할 때 참고해야 할 10가지 주의사항에 대하여 선병禪病이라는 용어로 설정하여 언급하고 있다. "신령스런 광명 뚜렷하여 만고에 아름답게 빛나네. 여기에 들어오는 사람은 지해를 모두 내려놓게나"라고 청허휴정의 『선가귀감』의 내용을 인용한다. 여기에

137 김호귀, 「『용성선사어록』의 구성 및 선사상사적 의의」, 『大覺思想』 23, 대각사상연구원, 2015, p.50.

138 위의 논문, p.52.

139 위의 논문, p.53.

서 말하는 '지知'라는 한 단어는 모든 재앙의 입구이기 때문에 깨달음을 방해하는 백천 가지의 문이 이로부터 생기는 것임을 말한다. 바로 그 장애물을 없애가는 것이 무자화두를 참구할 때 주의사항이라고 말한다. 그러면서 대혜종고大慧宗杲의 어록에서 유래된 선병禪病에서부터 진각혜심의 「무자화두간병론無字話頭看病論」에 근거한 백파긍선의 「무자화두간병론과해無字話頭看病論科解」를 인용한다. 즉 '자세하게 그것을 말하면 십종병十種病이 있지만 간단하게 그것을 말하면 유심有心과 무심無心과 언어語言와 적묵寂默, 이 네 가지를 벗어나지 않는다'고 설명하고 있다.[140]

제6장 낙초담화落艸談話는 백용성 자신의 일상에서 일어난 일반적인 일화 및 문답을 비롯하여 불교 일반의 관심사항과 의문점을 담고 있다. 또한 정토론과 정토왕생의 수행법 및 유교 교리, 그리고 당시의 시대상황을 다룬 월보月報에 대한 설명에 이르기까지 다양한 주제로 이루어져 있다. 제7장 변혹변마辨惑辨魔의 대목에서는 혹惑은 잘못된 인식과 지식을 가리키고, 마魔는 생사를 즐기는 일체의 장애물임을 밝힌다. 이를 벗어나기 위해 분별식을 전환시켜 반야의 지혜를 터득해야만 혹을 변별하고 마를 변별할 수가 있다고 가르치고 있다. 즉 마음을 간절하게 내면 혹과 마를 초월할 수가 있다고 말한다. 제8장에서는 외도外道에 대해서 언급하는데 10종의 색음色陰과 10종의 수음受陰 등 20종의 외도를 설명한다. 외도가 주장하는 상주론常住論과 유변론有邊論의 허망함을 언급한다. 그리고 만물의 변화變化, 유有, 무無,

140 김호귀, 「『용성선사어록』의 구성 및 선사상사적 의의」, 『大覺思想』 23, 대각사상연구원, 2015, pp.53~54.

유무有無 등에 대한 4종의 견해가 모두 전도顚倒임을 지적한다. 기타 외도들이 주장하는 다양한 설에 대하여도 그것이 진실이 아님을 말하고 있다. 제9장 선종임제파강구소에서의 강설에서는 황벽희운과 임제의현의 관계를 비롯하여 임제의 사빈주四賓主와 무위귀인無位眞人 및 주변 인물의 일화 등을 언급한다. 그리고 그에 대한 백용성 자신의 견해를 피력하고 있다.[141] 일종의 백용성의 상당법문이다. 제10장 선문강화에서는 17개의 공안을 제시하고 그 각각에 대하여 주석과 해설을 하고 있다. 여기에서 백용성은 교리적인 의미뿐만 아니라 선적인 의미까지도 덧붙여서 공안에 대한 폭넓은 비평을 하고 있다. 기존 공안집의 보편적인 형식인 수시垂示(시중示衆), 본칙本則(일화逸話), 저어著語, 송頌, 평창評唱의 구조를 벗어나 본칙화두의 제시, 공안에 대한 강화講話, 종지宗旨의 제시와 같은 구조를 활용하여 공안의 새로운 형식을 보여주고 있다. 제11장 상당법문은 결제를 비롯하여 주석했던 몇몇 사찰에서 강설했던 총 10회의 법문이 있다. 이들 상당법문은 대체적으로 전통적인 소재와 형식에서 크게 벗어나지 않고 있다. 제12장 노파심설화老婆心說話에서는 일상에서 불자들이 궁금하게 생각하는 주제와 철학적인 인식의 문제를 다룬다. 또한 불교 이외의 전통사상에 대한 문제에 이르기까지 다양한 내용에 대하여 다루는데 자세한 설명과 비유를 들어서 이해시켜 주고 있다. 특히 번개와 전기電氣, 몸속의 신경, 기氣의 문제, 대뇌의 작용과 현상 등 현대과학과 관련된 지식을 다룬다. 뿐만 아니라 인간 신체의 탄생과 생사의 문제

141 김호귀, 「『용성선사어록』의 구성 및 선사상사적 의의」, 『大覺思想』 23, 대각사상연구원, 2015, p.54.

등에 이르기까지 폭넓은 법어를 제시하고 있다. 제13장에서는 여러 선사의 사조寫照를 찬하고 있다. 용성 자신뿐만 아니라 인파 대선백을 비롯하여 당대當代 선백들의 진영에 대한 찬문을 지어 게송으로 찬양하고 있다. 기타 「부록」에서는 선의 종지와 선종오가의 기초적인 교의를 다루고 해동의 선법이 계승되어 온 모습에 대하여 간략한 해명을 한다. 또한 만일참선결사회의 창립에 대한 글, 발원문, 불법에 대한 2회의 건백서建白書, 선학원의 화상들께 드리는 글이 있다. 뿐만 아니라 용성 자신의 「몽불수기록夢佛授記錄」 및 사리舍利에 얽힌 이야기, 현대적인 포교의 활용 목적으로 제시된 노랫말 다섯 가지와 기타 잡글 등이 수록되어 있다.[142]

2. 『용성선사어록』에 나타난 백용성의 간화선看話禪 수행론

백용성은 한국 근현대 불교에 큰 영향을 주었기 때문에 그의 수행론을 정리하는 작업은 한국 근현대 불교의 수행체계와 발전방향을 엿볼 수 있는 계기가 될 것이다. 백용성은 철저한 깨달음을 얻으려면 반드시 '의정'을 통해 화두를 타파해야 한다고 주장했다. 그는 깨달음의 철저성에 입각한 '간화선 절대주의' 경향을 보이고 있다.[143]

---

142 김호귀, 「『용성선사어록』의 구성 및 선사상사적 의의」, 『大覺思想』 23, 대각사상연구원, 2015, p.55.

143 호정, 「龍城 禪師의 禪思想-三門修學의 계승·발전을 중심으로」, 『禪學』 34, 한국선학회, 2013, pp.162~163.

1) 백용성의 간화선 수행론

백용성은 산란한 마음을 통일시키는 정定 공부를 할 때 주력, 염불, 관법의 역할을 충분히 강조했다. 하지만 그가 단지 이 세 가지 수행으로만 깨달았던 것은 아니며 무엇보다도 결정적인 것은 '간화看話 의정疑情'의 힘이었다. 그 점을 증명하듯이 백용성은 염불, 관법이 가진 비효율성과 불철저성을 비판하면서 화두 참선의 우위성을 주장했다.

> 盖念不如觀요 觀不如參이니라 何者요 念者는 念佛也니 雖千念萬念이나도 但動念而念이니 如石上水轉하야 一念一轉이며 乃至萬念萬轉이니 何時에 一念子ㅣ 如桶底脫相似也리요 全無參究之力故也니라 觀者난 如念佛로 大相不同하야 凡人入觀之時에 便是澄神凝寂之勢가 自然現前하나니 久久不移하면 起滅卽盡하야 體露眞常하야 圓明無際니라 然이나 與祖關參究로 大相不同하니 譬如濁水ㅣ漸淸에 澄湛이 漸現인달하야 雖湛性이 頓現이라도 濕性은 難明이요 又至正覺하야는 單復十二하야사 方成正覺하나니 全無參究之力固也니라.[144]

효율성의 측면에서 "염불은 관법만 못하고 관법은 참선만 못하다", 또한 철저성의 측면에서 "관법은 오직 맑은 성질을 드러내지만 습성은 드러내지 못한다"고 말하고 있다.[145] 즉 염불과 관법은 조사관의 참구와 아주 달라 참구하는 힘이 전혀 없기 때문이다. 이처럼 백용성은 참선을

---

144 「용성선사어록」, 앞의 책, pp.146~147.

145 위의 논문, p.147.

최고의 수행법으로 평가하고 있다. 그는 참선의 효율성과 철저성을 아래와 같이 제시했다.

> 祖關은 如利斧로 斫伐樹根하며 又如壯士가 輪刀上陣이니 但只疑情이 如大火聚어니 那容計較思惟와 得失是非와 階級漸次야리요 才參一念에 頓悟三乘一乘之見解也니라 惺惺然寂寂然無時間斷則不歷僧祇하고 頓成定覺하야 直至佛祖向上一竅아리니 凡情으로 莫謗佛祖向上玄關이어다 前不云乎아 三界惟識所變이라하니 惟此祖關은 破惡覺惡知見之器杖也라 識情을 齦破어니 三界가 那有리요 淨土穢土를 一鎚粉粹하고 轉身一路에 自由自在하나니 何患乎輪廻也리요 三界安眠無事하니 明月淸風我家니라.[146]

간화선은 큰 힘을 간직하고 있으니 마치 날카로운 도끼로 나무의 뿌리를 자르는 것 같은 효율성이 있어서 철저한 결과를 이룰 수 있다는 것이다. 그 힘은 바로 '의정疑情'이다. 그는 참선의 전제조건으로서 염불·진언지송과 관법의 효력을 충분히 긍정했지만, 무엇보다 그가 강조한 것은 '지혜知解'가 아니라, 오직 '의정疑情'만을 하라는 것이었다. 백용성의 삼문에 대한 인식을 그림으로 나타내면 아래와 같다.

---

146 위의 논문, pp.147~148.

〈표 2-3〉 **백용성의 삼문**[147]

깨달음			
↑↑			↑↑
선(경절문)	← ←	교	화엄 관법(원돈문)
			↑
			염불(염불문)
상근기			하근기

위의 도표는 백용성이 제시했던 삼문을 '선·교'의 두 분류로 정리한 것이다. 경절문은 선에 배치하고 원돈문과 염불문은 통합해 교에 배치했다. 그리고 염불문과 원돈문은 수직적인 관계로 설정했다. 백용성은 삼문을 독립적인 수행방법으로 인식하고자 하는 것보다는 삼문의 접점을 중시하며 후인을 위해 삼문의 접점을 찾아내 보여주고자 노력했다. 요컨대 백용성의 관심사는 선수행의 최고 경지에 도달하는데 도움이 되는 삼문의 세 수행방법 각각이 지닌 가치와 역할을 충분히 이용하려는 것이었다고 하겠다.[148] 이처럼 백용성은 삼문의 세 수행방법을 서로 융합적으로 바라보고 있으며 접점을 찾고자 노력했다. 그러나 무엇보다도 화두 참선을 위한 '의정'을 강조했는데 효율성의 측면에서 염불과 관법, 그리고 화두 참선 중에서 화두선이 제일이라고 생각했기 때문이다. '선'이 상근기 상태에 해당하는 것으로 본 것도

147 호정, 「龍城 禪師의 禪思想-三門修學의 계승·발전을 중심으로」, 『禪學』 34, 한국선학회, 2013, p.183.

148 위의 논문, pp.180~184.

이러한 생각과 맥이 닿아 있다고 필자는 생각한다.

2) 백용성이 말한 깨달음으로 가는 길

백용성은 다음과 같이 임제종 우위의 선 인식을 제시하였다.

> 自來朝鮮은元是臨濟宗一脈而已라不必煩說이니라. 或有識者聞之면當發大笑矣리라. 有人問曰朝鮮禪宗은太古宗이라도可也오淸虛宗이라도可也어늘何局於臨濟宗乎아.[149]

백용성은 철저하게 임제종 중심의 입장에서 간화선을 강조했음을 이미 살펴보았다. 위에 그가 말한 것처럼 그는 우리 조선에 전해온 것은 원래 임제종 하나의 맥이 있었을 뿐이라고 단언한다.

> 余는臨濟下三十七代孫也ㅣ라. 禪師遷化後距今一千四十七年也ㅣ니先師在世時에天下衲僧이望風而歸之하야決擇諸佛正法眼藏하니從此로宗風이大振이라.[150]

이처럼 백용성은 스스로 말하기를 임제의현臨濟義玄(?~867)의 제37대손이라 했다. 그는 임제가 세상에 살아계실 때에 천하의 납승들이 그를 우러러보고는 돌아가 모든 부처님의 정법안장을 결택하여 그때부터 종풍이 크게 진작되었다는 것이다.[151]

---

149 「용성선사어록」, 앞의 책, pp.346~347.

150 「용성선사어록」, 앞의 책, p.112.

經에云一切賢聖이皆以無爲法으로而有差別이라하시니此無爲法이在聲聞하야난爲四諦하고在緣覺하야난爲十二因緣하고在菩薩하야난爲六度하고在佛하야난爲一佛乘爲最上乘하나니法本無二언만人根이自有等差하니라. 咄. 無爲法者는其擔板乎ㄴ저.[152]

백용성에 의하면 불교 공부의 목적은 무위법無爲法을 체증하여 중생을 이익되게 하는 것이다.[153] 공부의 목적이 중생을 이익되게 한다는 것에서 백용성이 참선 포교 활동에 그렇게 적극적으로 나섰던 이유를 필자는 분명하게 알 수 있다.

有人이問余曰這箇柱杖이是有也否아? 余答云當處卽空이니非但柱杖子라 四大五蘊과萬像森羅와情與無情이當處卽空하며, 又世出世一切諸法이當處卽空하야相亦空空亦空이라. 空虛寂處常光明이니라. 然雖如是나坐看白雲이終不眇라無生이那能達此宗가.

백용성은 부처님의 경지와 보살의 경지에 계합하게 되면 사대오온과 삼라만상과 유정과 무정의 당처가 모두 공하며, 또한 세간과 출세간의 일체 모든 법의 당처가 모두 공하여 상相도 공하고 공조차 또한 공한 것을 체증하게 된다고 한다.[154] 백용성은 보살은 모든 것을 다하여

151 위의 책 p.112.

152 위의 책, pp.109~110.

153 위의 책, pp.109~111.

154 「용성선사어록」, 앞의 책, pp.109~112.

다만 중생을 제도하고 이롭게 한다고 말한다. 이 말대로 필자는 백용성 자신이 보여준 선포교 활동들이 자리이타의 보살행이라고 생각했다.

또한 백용성에 의하면, 선은 부처님께서 밝히신 진리를 당장 이 자리에서 몰록 체화體化하거나 환히 드러내 보인다. 선에서 말하는 깨달음은 바로 공空에 바탕을 둔 반야般若이며, 그 반야 또한 연기緣起와 무아無我에 근거한다. 선이 탁월한 수행법인 이유는 바로 이 자리에서 깨달음을 실현하는 데 있지 '깨달음의 당체當體'가 성문승이나 연각승과 다르기 때문이 아니다.[155] 다음 글을 통해서 백용성의 선관을 확인해 보겠다.

> 盖참선者는三世諸佛之母니三世佛祖皆因禪定하야親證此心也시니라. 故로我本師釋迦世尊이入雪山하사六年坐不動도修此禪也며達摩祖師가於小林窟에九年面壁도修此禪也며以至於天下老和尙히皆修禪定之人也니現今傳燈廣燈繼燈祖燈等錄에所載諸禪師行狀을汝曾見也未아.[156]

백용성에 의하면 참선이란 삼세제불의 어머니이다. 삼세의 부처와

---

155 이덕진, 「龍城震鐘의 선사상에 관한 일고찰」, 『韓國佛教學』 48, pp.494~495.

156 「용성선사어록」, 앞의 책, p.144. "무릇 참선이란 삼세제불의 어머니이다. 삼세의 부처와 조사가 모두 선정을 바탕으로 하여 몸소 이 마음을 깨달아 증득하신 것이다. 그러므로 우리의 본사 석가세존이 설산에 들어가 6년간을 좌정하여 움직이지 않은 것도 이 선을 닦은 것이며, 달마 조사가 소림굴에서 9년 동안 면벽하신 것도 바로 이 선을 닦은 것이고, 내지는 천하의 노화상에 이르기까지 모두 이 선정을 닦은 사람들이다."

조사가 모두 이 마음을 깨달아 증득하였다. 간화선은 의정疑情이 큰 불덩어리와 같을 뿐, 거기에는 어떠한 계교計較·사유思惟와 득得·실失·시是·비非와 등급階級·점차漸次도 용납되지 않는다. 아승지겁을 지나지 않고도 단번에 정각을 이루어 곧바로 불조佛祖의 향상일규向上一竅에 도달하게 된다.[157]

3) 백용성이 말한 깨달음의 세계

깨달음의 세계에 관한 용성의 언명은 아주 친절하다.

> 或聞空中說法이니內外虛徹하야五神七識이皆失故常하야互爲賓主故며或現佛境이니心境靈悟의所染으로心光研明하야照諸世界故며

마음과 대상이 깨달음에 이르면 마음 빛이 모든 세계를 비춘다고 한다.[158]

> 問曰凡之與聖이相去多少오?
> 答曰悟則佛이요迷則凡이니迷悟間隔할새所以로有凡聖之別也니라. 迷悟若無면凡聖이一致也니라. 然이나譬之於水컨댄波則是

157 「용성선사어록」, 앞의 책, pp.147~148. "才參一念에頓超三乘一乘之見解也니라. 惺惺然寂寂然無時間斷則不歷僧祇하고頓成正覺하야直至佛祖向上一竅이리니."

158 「용성선사어록」, 앞의 책, p.174.

水오水則是波라波外無水하며水外無波니라.

백용성은 「논범성불이論凡聖不二」에서 범부와 성인의 구별은 미혹함과 깨달음의 차이로 구별한다고 제시하였다. 즉 미혹함과 깨달음 사이에 차이가 없다면 범부와 성인은 따로 구별되지 않는다는 것이다.[159]

또한 연을 따라 생멸함이 모두 본각 중의 일이로되 깨달은 자는 위대한 본체에 의한 위대한 작용을 이루어 자유자재하지만 미한 자는 부딪치는 곳마다 스스로 얽매여 자재함을 얻지 못한다. 마치 꿈을 꾸는 자가 보고 듣는 일들이 모두 꿈이라. 가령 꿈에 종기가 나면 실제로는 없는데도 실제를 이루어 스스로 고통을 받다가 홀연히 꿈을 깨고 나면 종기의 아픔이 문득 없어지는 것처럼 깨달음도 마찬가지다. 본성을 돈오하면 삼계의 큰 꿈이 일시에 문득 사라지고 생사의 세계에 자유자재한다.[160]

백용성에 의하면 깨달음은 '한바탕 꿈인 것', 즉 '공空인 것'을 알아차리는 것이다. 우리가 겪었던 모든 괴로움과 번뇌가 한낮 꿈속의 일이라

---

159 위의 책, p.168.

160 백상규, 「청공원일」, 『백용성 대종사 총서』 1, p.741, "譬如在夢者는所見所聞이悉皆是夢이니夢有瘡腫이면無中成實하야自受苦痛이라가忽然夢覺에瘡腫之苦가頓無인달하야悟亦如是하야頓悟本性하면三界大夢이一時頓消하고於生死界에自由自在하니라."

는 것이다. 백용성에 의하면 깨달음은 이론이 아니라 실천의 영역이며 '경지境地의 영역領域'이다. 즉 깨달음은, 알되 아는 대상에 대한 집착이 없고, 알되 나의 의식을 규정하는 제한성이 없으며, 알되 '앎의 힘의 영역'을 벗어나는 것이고, 인격의 해탈방향解脫方向을 드러나게 하는 것이다.[161]

이제 백용성의 간화선 수행론을 뒷받침하는 관련 내용을 『용성선사어록』에서 고찰한 것을 제시하면 다음과 같다.

余는臨濟下三十七代孫也ㅣ라. 禪師遷化後距今一千四十七年也ㅣ니先師在世時에天下衲僧이望風而歸之하야決擇諸佛正法眼藏하니從此로宗風이大振이라. 始說三玄三要와四料揀과四喝과四賓主等法하사驗天下衲僧眼目하시니當時에若非出格高眼衲僧이면承當者ㅣ幾稀哉ㄴ저. 我等이生于千載之下하야若不發揚先師之宗風이면余道不孝莫大ㅣ라하노라.[162]

우선 백용성은 제4장 낙소만화장落笑謾話章 9절의 논교외선종論教外禪宗에서 자신이 임제 선사의 37대손임을 천명하고, 임제의 종풍을 드날리지 못한다면 자신의 불효가 막대하다고 말한다. 그리고 대중들은 마땅히 참구해야만 할 것이라고 강조한다.

논교외선종에서 처음으로 삼현삼요三玄三要와 사료간四料揀과 사

---

161 이덕진, 「龍城震鐘의 선사상에 관한 일고찰」, 『韓國佛教學』 第四十八輯, p.502.

162 『용성선사어록』, 앞의 책, pp.112~113.

할四喝과 사빈주四賓主 등의 법을 설명하시어 천하 납승들의 안목을 시험하셨으니, 당시에 만일 격을 뛰어넘은 높은 안목의 납승이 없었다면 알아차리는 자가 거의 드물었겠구나! 우리들이 천여 년이나 뒤에 태어났지만 조사의 종풍을 드날리지 못한다면 나는 불효가 막대하다고 하겠다. 조사께서 말씀하셨다. "일반적으로 종지를 선양하려면 일구一句 가운데에 반드시 삼현을 갖추어야 하고 일현一玄 가운데에 반드시 삼요를 갖추어야 권지權智도 있고 실지實智도 있으며 조기照機도 있고 용기用機도 앞에 있는 대중들은 서둘러 마땅히 참구해야만 할 것이다.[163]

뿐만 아니라 백용성은 제4장 낙소만화, 1절 논선교심천論禪教深淺에서 선종이 교종의 우위에 있음을 주장하고 있으니 그의 수행의 중심이 선종에 있음을 다시 한 번 보여주고 있다.

교종教宗에서는 『금강경』의 반야사상이 대승에 들어가는 첫 번째 문이 되고 화엄사상과 법화사상은 궁극적으로 달을 드러내는 손가락이 된다. 선종禪宗에서는 화엄사상과 법화사상이 도에 들어가는 첫 번째 문이 되고 삼처전심三處傳心이 가르침 밖에서 은밀하게 전한 종지宗旨가 된다. 부처님과 조사의 깊은 은혜를 어떻게 말로

---

163 「용성선사어록」, 앞의 책, p.113, "始說三玄三要와四料揀과四喝과四賓主等法하사驗天下衲僧眼目하시니當時에若非出格高眼衲僧이면承當者ㅣ幾稀哉ㄴ저. 我等이生于千載之下하야若不發揚先師之宗風이면余道不孝莫大ㅣ라하노라. 先師云大凡擧揚宗乘인댄一句中에須具三玄하고一玄中에須具三要하야有權有實하며有照有用이라하시니現前大衆은急宜參究어다."

감당할 수 있겠는가.[164]

위와 같이 낙소만화 제10절에서는 수행을 권유하면서 빨리 발심하여 급히 참구해야 한다고 강조하고 있다. 그리고 역시 선종이 교종보다 우위에 있음을 법화사상과 화엄사상이 도에 들어가는 첫 번째 과정이며 이심전심을 대표하는 삼처전심이 선종의 종지에서 찾고 있다. 그러니 마음을 깨닫게 해주는 화두참구의 중요성을 절실히 느끼게 해준다.

논권수論勸修에서는 도업을 부지런히 닦아 육악취六惡趣에 떨어지는 것을 면하라고 동포에게 널리 권고한다. 생명은 연장할 수 없고 시간은 기다려 주지 않는다. 빨리 발심하여 서둘러 참구해야 마땅하다. 그대의 몸은 우둔하고 무정하지만 그대의 마음은 밝아서 어둡지 않은데, 이것이 무슨 물건인가? 이와 같이 참구해야 한다. 하루 스물네 시간 동안 바쁘게 이와 같이 참구하면 늙은 쥐가 쇠뿔에 들어가서 스스로 길이 끊기는 곳에 도달하는 것처럼 된다. 옛날에 자명慈明 선사는 밤에 잠이 오려고 하면 송곳으로 찌르면서 "옛사람들은 도를 위해서 침실을 폐쇄하고 음식을 잊었는데, 너는 지금 무엇 하는 사람인가?"라고 하셨으니, 모든 동포들이 간절하게 반드시 마음에 새기기를 바란다. 수행을 권유함.[165]

---

164 「용성선사어록」, 앞의 책, p.103, "敎門에는以金剛般若로爲入大乘之初門하고華嚴法華로爲究竟標月之指하며禪門에는以華嚴法華로爲入道之初門하고以三處傳心으로爲敎外密傳之旨하시니佛祖深恩을曷勝道哉아?"

백용성은 선수행자로서 하루 스물네 시간 동안 바쁘게 참구하면 반드시 자성을 볼 것이라 강조하고 있다. 여기서 백용성이 참선 수행이 얼마나 중요한지를 알 수 있게 보여주는 대목이라 할 것이다. 그리고 더 나아가 백용성이 참선이 최고의 수행과정임을 믿고 있는 부분을 『용성선사어록』 제6장 낙초담화장落艸談話章 제9절 「논참선인임종후여하論參禪人臨終後如何」의 많은 부분에서 볼 수 있다. 특히 백용성은 화두 참선은 삼세의 모든 부처님의 어머니라고 말하고 있다. 백용성은 염불은 관법보다 못하고 관법은 화두 참선보다 못하다고 말하며 각 수행법을 비교하고 있다.

> 대체적으로 화두 참선은 삼세의 모든 부처님의 어머니이다. 삼세의 부처와 조사가 모두 선정을 의지해서 이 마음을 몸소 깨달으셨다. 그래서 우리의 본사 석가세존께서 설산에 들어가셔서 6년 동안 좌정하여 움직이지 않으셨던 것도 이 선정을 닦은 것이고, 달마 조사께서 소림굴에서 9년 동안 면벽面壁을 하셨던 것도 이 선정을 닦은 것이며, 천하의 노화상들까지 모두 선정을 닦으신 분들이다. 현존하는 『전등록傳燈錄』, 『광등록廣燈錄』, 『계등록繼燈錄』, 『조등록祖燈錄』 등등의 기록에 기재되어 있는 여러 선사들의 행장을

---

165 「용성선사어록」, 앞의 책, p.114, "普勸同胞等하노니勤修道業하야免墮惡趣어다. 命不可延이요時不可待니早早發心하야急宜參究어다. 汝身은頑而無情이나汝心은明然不昧하니是箇甚麽物고如是參究하야一切時中에惣如是하면如老鼠가入牛角하야自有倒斷하리라. 昔에慈明禪師夜欲將睡면引錐刺之曰古人爲道에廢寢忘饌이어니汝將何人고하시니願諸同胞난切須在意어다."

그대는 아직도 본 적이 없는가.[166]

대체적으로 염불하는 것은 관법하는 것만 못하고 관법하는 것은 화두 참선하는 것만 못하다. 어째서인가? 염불은 부처님을 염송하는 것이다. 설령 천만 번을 염불하더라도 다만 생각을 움직여서 생각하는 것이므로 돌 위에서 물방울이 구르는 것처럼 일체가 될 수 없다. 한 번 염불하는 것은 한 번 물방울이 구르는 것이고 또한 만 번 염불하는 것은 물방울이 만 번 구르는 것인데, 언제 일념이 칠통 밑이 쑥 빠지는 것과 같아지겠는가. 참구하는 힘이 전혀 없기 때문이다.[167]

위의 두 인용문에서 알 수 있듯이 백용성은 『전등록』, 『광등록』 등의 책을 열거하며 거기에 서술되어 있는 기라성 같은 선사들이 하나같이 모두 선정을 닦은 분들이며 마음을 직접 깨달으신 분이라고 강조하고 있다. 이것은 그가 얼마나 선수행을, 한 수행자로서 선수행이

---

166 「용성선사어록」, 앞의 책, p.144, "盖참선者는三世諸佛之母니三世佛祖皆因禪定하야親證此心也시니라. 故로我本師釋迦世尊이入雪山하사六年坐不動도修此禪也며達摩祖師가於小林窟에九年面壁도修此禪也며以至於天下老和尙히皆修禪定之人也니現今傳燈廣燈繼燈祖燈等錄에所載諸禪師行狀을汝曾見也未아."

167 「용성선사어록」, 앞의 책, pp.146~147, "盖念不如觀요觀不如參이니라何者요? 念者는念佛也니雖千念萬念이라도但動念而念이니如石上水轉하야一念一轉이며乃至萬念萬轉이니何時에一念子ㅣ如桶底脫相似也리요? 全無參究之力故也니라."

우리의 마음을 깨닫는 데 최고의 수행임을 강조하고 있는지 우리로 하여금 절절히 느낄 수 있게 하는 부분이다.

또한 백용성은 제6장 제9절 「논참선인임종후여하論參禪人臨終後如何」에서 다른 여러 가지 선禪을 예로 들면서 참선 수행에 미치지 못함을 설명하고 있다.

> 그러나 선에는 여러 가지가 있다. 예를 들면 화엄종의 법계삼관法界三觀, 첫째 진공절상관眞空絶相觀, 둘째 이사무애관理事無碍觀, 셋째 주편함용관周遍含容觀 및 『원각경』의 정환적靜幻寂 삼관三觀, 곧 첫째 민상징신관泯相澄神觀, 둘째 이사무애관理事無碍觀, 셋째 절대영심관絶對靈心觀과 천태종의 공空·가假·중中 삼관 및 정토종의 수관水觀, 화관火觀, 일몰관日沒觀, 백호관白毫觀 등의 십육관법 등등을 관선이라고 통칭하는데, 전혀 참구하는 힘은 없고, 다만 마음으로 정신을 맑게 하고 지극히 고요하게 관하는 것으로 오랫동안 순숙하면 자연히 생멸은 텅 비고 고요해지며 마음의 빛은 텅 비고 영묘해진다. 오로지 열두 번을 반복하여야 비로소 대각을 성취하니까 조사의 문하에서 보인 바로 생사윤회의 근원을 끊는 직절본원直截本源과는 같은 것이 아니다.[168]

---

168 「용성선사어록」, 앞의 책, pp.144~146, "然이나禪有多般하니如華嚴之法界三觀과一眞空絶相觀二理事無碍觀三周遍含容觀圓覺之靜幻寂三觀과一泯相澄神觀二理事無碍觀三絶對靈心觀天台之空假中三觀과幷水觀火觀日沒觀白毫觀等은通稱觀禪이니全無參究之力하고但以心으로澄神凝寂觀之하야久久純熟則自然生滅이虛寂하고心光이虛靈하리라單復十二코사方成大覺이니非若祖宗門下에所示直截本源이니라."

위의 글에서 분명하게 조사의 문하에서 참선 수행은 직절본원같이 생사윤회의 근원을 끊는 것이 아님을 밝히고 있다. 또한 조사관이 염불이나 관상법과도 천지현격으로 다름을 명쾌하게 밝히고 있다.

> 무릇 조사관은 염불이나 관상법觀相法이 견줄 수 있는 것이 아니다. 겨우 한순간 동안만이라도 참구하면 견해가 없어져서 벽안碧眼, 달마 대사와 황두黃頭, 부처님이라 하더라도 몸을 용납할 곳이 없는데, 하물며 십이부의 교설을 용납하겠는가. 또한 하물며 극락, 천당, 지옥의 교설이나 교설을 용납하겠는가.[169]

『용성선사어록』 제6장 제9절 「화두참선임종후여하」에서 조사관의 선정에 의한 한 찰나의 참구의 힘을 강조한다. 그 어떤 것보다도, 십이부의 그 어떤 교설보다도 더 낫다는 그의 표현은 선수행에 대한 백용성의 크나큰 자부심을 느낄 수 있는 부분이다.

> 관법은 염불과는 조금도 비슷하지 않고 아주 다르다. 일반 사람들이 관법에 들어갈 때에, 바로 맑은 정신과 지극히 고요한 자세가 자연히 현전하는데, 오랫동안 변함이 없으면 생각이 일어나거나 사라지는 것이 곧바로 다 없어져서 본체가 진실하고 한결같음을 드러내어 뚜렷하게 밝은 것이 끝이 없다.[170]

---

169 「용성선사어록」, 앞의 책, p.146, "夫祖師關者는非念佛觀相之可比也라才參一念에見解斯亡하야碧眼達摩祖師也黃頭佛也라도容身無地온況乎十二部分教也며又況極樂天堂과地獄幷三世因果之說也리요."

백용성은 관법과 조사관을 비교하며 관법에는 전혀 참구하는 힘이 없으며 관법을 통해서 잠시 정신이 고요해질 뿐 또다시 경계를 만났을 때는 그 고요함이 사라짐을 설명하고 있다. 조사관의 우위성을 계속해서 주장하는 내용이다.

> 겨우 한순간 동안만이라도 참구하면 홀연히 삼승과 일승의 견해를 초월할 것이다. 의식이 또렷하면서 고요하여 잠시라도 끊어짐이 없으면 아승지겁을 겪지 않고도 홀연히 정각을 성취하여 곧장 부처와 조사의 '향상의 통로'에 도달한다.[171]

그리고 조사관은 장수가 칼을 휘두르면서 전쟁터를 누비는 것과 같아 겨우 한순간이라도 참구하면 삼승과 일승의 견해를 초월할 것이라고 말한다. 백용성이 참선 수행을 통해 스스로 깨닫고 체험하지 않고서는 할 수 없는 주장일 것이다.

> 범부의 식識으로 부처와 조사의 향상의 현묘한 관문을 비방해서는 안 된다. 앞에서 말하지 않았는가? 삼계는 다만 식에 의해서 변화된 것일 뿐이라고 하니, 오직 이 조사관만이 나쁜 지각知覺과 나쁜

---

170 「용성선사어록」, 앞의 책, p.147, "觀者난如念佛로大相不同하야凡人入觀之時에便是澄神凝寂之勢가自然現前하나니久久不移하면起滅卽盡하야體露眞常하야圓明無際니라."

171 「용성선사어록」, 앞의 책, pp.147~148, "才參一念에頓超三乘一乘之見解也니라. 惺惺然寂寂然無時間斷則不歷僧祇하고頓成正覺하야直至佛祖向上一竅이리니."

지견知見을 타파하는 기구이다. 식정識情을 뒤엎고 타파했는데 삼계가 어찌 있겠는가.[172]

백용성은 오직 조사관만이 참구하는 힘으로 마음을 깨쳐 나쁜 지각과 지견을 타파할 수 있다고 강조하고 있다. 다른 수행법을 통해서 사후에 정토의 과보를 얻음을 믿는 사람을 꾸짖는 백용성의 어록을 통해서 그가 얼마나 선정을 통한 마음의 깨달음을 강조하고 있는지를 보게 된다.

지금까지 제3장 『용성선사어록』과 백용성의 간화선 수행방법론을 살펴보았다. 『용성선사어록』의 「총론선병장」에서 백용성은 의정 형성을 방해하는 10종병을 들며 헤아리려 하지 말고 오직 화두만을 참구하라고 말하고 있다. 의정에 들어 억지로 화두를 의심하지 않아도 저절로 화두 속에 몰입하라는 것이다. 즉 수행하는 사람이 그 몸과 목숨을 아끼지 않고 향상의 현묘한 관문을 뚫고자 한다면, 주린 사람이 밥 생각하듯, 목마른 사람이 물을 생각하듯, 아이가 엄마 생각하듯, 닭이 알을 품듯, 고양이가 쥐를 노리듯 용맹정진하면 '이 세상이 공空인 것'을 알아차리는 깨달음을 얻게 된다는 것이다.[173] 강조하건대 백용성은 『용성선사어록』 전반에 걸쳐서 화두 참선 수행법을 최고의 수행법이라고 말하고 있다. 그러므로 백용성은 그의 참선포교 활동에서

---

172 「용성선사어록」, 앞의 책, p.148, "凡情으로莫謗佛祖向上玄關이어다. 前不云乎아? 三界惟識所變이라하니惟此祖關은破惡覺惡知見之器杖也라. 識情을飜破어니三界가那有리요."

173 이덕진, 앞의 논문, p.497.

이러한 간화선 수행법으로 사람들에게 참선을 가르쳤을 것으로 얼마든지 추론해 볼 수 있겠다.

필자는 백용성이 대승불교의 범주 안에서 간화선의 깨달음에 가장 부합하는 삶을 걸어간 선지식이라 생각한다. 그리고 백용성은 임제선의 맥을 잇는 참선 수행자로서 도심지로 나와 당시 대중들에게 화두 참선을 안내해 준 최초의 보살이라고 볼 수 있다.

소결

백용성은 감옥에서 다짐한 역경사업을 통해 불교의 대중화를 실현하기 위해서 1921년 역경사업 조직체인 삼장역회를 출범시켰다. 여기서 백용성은 한글 번역에 있어서도 체계화를 시도하였다. 본 장에서는 1921년부터 대각사에서 행해졌던 백용성의 저술 중 『각해일륜(수심정로)』, 『수심론』, 『오도의 진리』, 『오도는 각』 그리고 『용성선사어록』을 중심으로 그의 문서를 통한 참선포교를 다루었다.

백용성은 『각해일륜(수심정로)』에서 우선 화두를 참구함에 있어 좋은 화두 나쁜 화두가 없다고 단호하게 강조하였다. 또한 화두에 의정을 크게 일으켜 의정 외에는 달리 아는 생각을 내지 않으면 활구참선이 된다고 가르치신다. 백용성은 화두를 참구할 때 생기는 모든 병통을 자세히 밝혀줌으로써 우리가 마음을 닦을 때 빠지기 쉬운 장애를 구별해 주었다. 또한 한결같이 어떠한 경계를 만나더라도 이러한 경계들은 화두를 참구하며 마음을 깨치는 것과는 아무런 상관이 없고 오로지 강한 의정을 일으켜 화두를 참구하라고 일러주고 있다.

백용성은 『수심론』 「본종편本宗篇」에서 제자가 어떻게 공부를 했는지에 대해 묻자 스승에게 받은 것이 아니라고 하면서 생각이 일어나는 곳을 살피고 다시 의심(의정)하니, 홀연히 통의 밑바닥이 빠진 것과 같아 나의 몸과 분별하는 마음 전체가 원래 공하여 한 물건도 없더라고 그의 경험을 말한다. 이후 1885년에 송광사에서 '일면불월면불화두'와 '무자화두'로 다시 깨치고, 1886년 가을 낙동강을 건너갈 때 게송 한 수를 지으며 4차 오도를 체험하였다. 백용성은 "깨달음을 볼 수 없다고 깨달음이 없는 것이 아니라면서 각覺, 곧 깨달음은 나의 본성이며 공도 아니고 또한 공한 것도 아닌 것도 아니다"라고 하면서 각이 곧 본성이라고 말한다. 백용성은 『수심론』 「마음공부하는 바른 길」에서는 '도를 닦는 사람은 화두에 큰 불구덩이와 같이 의심하고 의심해야 함'을 강조한다. 또한 '마음공부하는 데는 아는 것이 큰 병이 된다고 하니 아는 것을 버리고 단지 오로지 화두에 의심만 내고, 혼침과 산란에 빠져서도 안 됨'을 강조한다. 마음공부에는 첫째 대신심, 둘째 대분심, 셋째 대의심의 세 가지가 있는데 이 가운데에 하나라도 빠지면 공부를 이룰 수 없다고 가르친다. 간절히 간절히 화두를 참구하면 반드시 투철할 때가 있음을 말한다.

백용성은 『오도의 진리』에서 나의 본성本性을 스스로 깨달아 알 수 없다고 말하고 있다. 또한 선사는 깨달음(覺)을 말로 설명할 수 없으나, 다양한 비유를 들면서 분명히 존재한다고 말한다. 그리고 이 책에서 선사는 대도는 명백하여 별도로 참구할 필요가 없다고 분명히 말한다. 모두가 본각진성을 잊었기 때문에 참선 수행하기를 권했을 뿐이라는 것이다. 다만 습기習氣만 제거하면 그것이다. 별도로 도를 닦을 필요는 없다고 분명히 말한다. 그렇다면 습기를 어떻게 제거할 수 있을까? 모든 상황에서 무심하여 보고 듣고 깨닫고 아는 것에 집착하지 않으면 습기가 저절로 없어진다는 것이다. 또한 마음은 마음대로 두고 경계는 경계대로 두어 마음이 경계를 취하지 않고 경계가 마음에 닿지 않으면 자연히 망념이 사라지고 도에도 걸림이 없게 될 것이라 밝히고 있다. 이것이 습기를 없애는 방법임을 강조한다. 또한 선사는 하근기 중생은 비록 깨달음을 얻었더라도 방편으로서 생각이 어디서 일어나는가를 돌이켜 항상 관찰해야 한다고 하며, 이렇게 하면 습기가 자연히 사라진다고 강조한다. 백용성 선사는 『오도의 진리』에서 대각교 수행의 핵심과 목표를 자문자답 형식으로 풀어내며, 본성(자성), 깨달음, 대원각성, 수행 방식을 여러 비유를 통해 설명한다. 그는 본성이 직접적으로 인식되지는 않지만 분명히 존재하며, 언어로 설명할 수 없고 감각으로도 파악할 수 없는 것이라고 말한다. 깨달음은 우리의 모든 일상적 경험(보고, 듣고, 느끼는 활동)에 드러나며, 본성은 범부와 성인 모두에게 동일하게 존재한다고 강조한다.

백용성은 우리가 집착을 통해 마음의 병을 얻게 되며, 업을 지어 천당, 지옥, 선악 등의 결과를 낳는다고 경고한다. 본성의 깨달음은 일상생활 속에서 실현될 수 있으며, 마음의 병은 육근(감각기관)과 육경(대상) 사이의 부딪침으로 인해 발생한다고 설명한다. 그는 마음이 정定과 혜慧에 이르면 이러한 병이 자연스럽게 사라진다고 말하며, 번뇌와 망상은 곧 집착에서 비롯된다고 가르친다.

백용성은 번뇌를 내려놓고 마음의 병을 치료하기 위해 참선, 염불, 주력 등 수행법을 소개하며, 그중 참선이 가장 좋은 방법이라고 강조한다. 예를 들어, '시심마' 화두를 분별과 알음알이를 내려놓고 크게 의심하면 깨달음을 얻고, 대원각지가 드러난다고 한다.

또한, 백용성은 인과법칙의 중요성을 설명하며, 모든 것은 마음에서 비롯되고, 선행과 악행에는 각각 좋은 결과와 나쁜 결과가 따른다고 강조한다. 그는 깨달음이 모든 곳에 존재하고, 이를 실현하기 위해 마음의 나쁜 습관을 제거해야 한다고 말한다. 깨달음 후에도 지속적인 수행을 통해 습기를 없애야 한다고 당부하며, 특히 하근기 수행자들에게는 자신의 생각을 지속적으로 관찰하고 참구하는 수행이 필요하다고 설명한다.

백용성 선사는 『오도는 각』에서 깨달음과 도에 대한 제자 백엄의 여러 질문에 답하며, 본질적인 도는 바깥에서 찾는 것이 아니고, 구하려는 마음 자체가 진정한 도가 아니라고 설명한다. 깨달음은 어둠 속에서 불을 켜는 것처럼, 본래 밝음으로 모든 어둠이 사라지는 순간적 변화를 의미하며, 허공과 깨달음의 관계를 바다와 물거품에 비유한다. 깨달음은 크고 근본적인 것이며, 본각(본래 깨달음), 시각(처음 깨달음), 구경각(궁극의 깨달음)으로 설명되며, 이는 하나의 깨달음이 다양한 차원에서 나타나는 것일 뿐, 실상은 모두 같은 본질이다.

백용성은 모든 존재가 본래 깨달은 존재임을 강조하며, 본각(본래 깨달음)은 누구나 태어날 때부터 이미 갖추고 있는 것이고, 시각(처음 깨달음)은 그 사실을 자각하는 것이며, 구경각(궁극적 깨달음)은 모든 경계를 초월한 상태라고 한다. 이 세 가지는 결국 하나로, 우리의 모든 경험이 깨달음의 표현이며, 깨달음은 특정한 형태나 이름으로 정의될 수 없고, 모든 것이 있는 그대로 완전하게 존재하는 것이라 한다.

『오도는 각』에서 백엄이 어떻게 참선하여 본각을 깨칠 수 있느냐 묻자, 백용성은 도는 이미 분명하기 때문에 굳이 참선할 필요가 없으며, 망상을 없애거나 참된 것을 찾으려 할 필요도 없다고 답한다. 우리의 본질은 이미 완전하며, 그것을 있는 그대로 받아들이는 것이 중요하다고 말한다. 또한, 참선은 도를 깨닫기 위한 도구일 뿐이며, 진정한 깨달음에 이른 사람에게는 필요하지 않다는 가르침을 전한다.

백엄이 성품을 볼 수 있는 방법을 묻자, 백용성은 우리의 성품을 '본다'는 것은 일반적인 의미와 다르며, 성품은 감각이나 인식으로 파악할 수 없는 것이라고 설명한다. 눈으로 물건의 성질을 볼 수 없듯이, 우리의 성품도 눈에 보이지 않으며, 깨달음은 본래 무형무상한 것이라고 한다.

백용성은 부처님의 가르침이나 깨달음도 본래 고정된 것이 없으며, 모든 것은 생겨나고 사라지며, 진정한 깨달음은 이러한 고정관념을 뛰어넘는 것이라 한다. 마지막으로, 이미 도를 이룬 사람에게는 참선이 필요 없지만, 깨달음을 얻지 못한 사람에게는 참선이 도움이 된다고 강조하며, 의심 없이 분별을 내려놓고 참구하면 도를 깨달을 수 있다고 가르친다.

백용성의 어록을 모은 『용성선사어록』은 용성 조사가 태어나서 발심하고 출가하여 수행하고 오도悟道하기까지 행장에 해당하는 내용으로 13장과 부록으로 구성되어 있다. 이 어록을 따라 백용성의 간화선 수행론을 우리가 살펴보면 산란한 마음을 통일시키는 정定 공부를 할 때 그는 주력, 염불, 관법의 역할을 충분히 강조했다. 하지만 그가 단지 이 세 가지 수행으로만 깨달았던 것은 아니며 무엇보다도 강조한 것은 '간화看話 의정疑情'의 힘이었다. 그 점을 증명하듯이 백용성은 염불, 관법의 비효율성과 불철저성을 비판하면서 참선의 우위성을 주장했다.

백용성이 말한 깨달음으로 가는 길은 우리 조선에 전해진 임제종 하나의 맥이 있었을 뿐이라고 단언한다. 또한 백용성에 의하면 공부의 목적은 무위법無爲法을 체증하여 중생을 이익되게 하는 것이다. 그가 말하길 부처님의 경지와 보살의 경지에 계합하게 되면 삼라만상과 사대오온, 유정과 무정의 당처가 모두 공하며, 나아가 세간과 출세간의 일체법 당처가 모두 공하여 상相도 공하고 空조차 또한 공한 것을 체증하게 된다고 한다.

깨달음의 세계에 관한 용성의 언명은 아주 간단하다. 마음과 대상이 깨달음에 이르면 마음 빛이 모든 세계를 비춘다는 것이다. 백용성에 의하면, 깨달음은 '한바탕 꿈인 것', 즉 '공空인 것'을 알아차리는 것이다. 우리가 겪었던 모든 괴로움과 번뇌가 한낮 꿈속의 일이라는 것이다. 백용성에 의하면 깨달음은 이론이 아니라 실천의 영역이며 '경지境地의 영역領域'이다. 선수행자로서 하루 스물네 시간 동안 바쁘게 참구하면 반드시 자성을 볼 것이라 그는 강조하고 있다. 그리고 조사관이 염불이나 관상법과도 천지현격으로 다름을 명쾌하게 밝히고 있다. 백용성은 오직 조사관만이 참구하는 힘으로 마음을 깨쳐 나쁜 지각과 지견을 타파할 수 있다고 강조하고 있다. 백용성은 『용성선사어록』 전반에 걸쳐서 화두 참선 수행법을 최고의 수행법이라고 말하고 있다.

필자는 백용성이 대승불교의 범주 안에서 화두 참선의 깨달음에 가장 부합하는 삶을 걸어간 선지식이라 생각한다. 그리고 백용성은 임제선의 맥을 잇는 참선 수행자로서 도시로 나와 당시 대중들에게 화두 참선을 안내해 준 최초의 보살이었다.

제3장 수행실천으로서의 참선포교

제1절 만일참선결사회萬一參禪結社會

백용성은 1925년 6월부터 경기도 양주군 도봉산 망월사에서 만일참선결사회를 추진하였다. 정식 명칭은 정수별전선종활구참선만일결사精修別傳禪宗活句參禪萬日結社이다. 백용성은 만일참선결사회창립기萬一參禪結社會創立記에서 역경사업 등으로 신경쇠약 증세가 가끔씩 일어나 역경사업을 접고 교외별전敎外別傳인 화두참선을 정밀하게 수행하려고 결사회를 창설하였다고 고백하였다.[174] 백용성은 1910년대에 임제종 중앙포교당이나 임제파강구소를 운영하면서 화두참선의 중요성을 충분히 강조하였다. 백용성은 화두참선을 최고의 수행법이라고

174 「용성선사어록」, 앞의 책, p.352. "余衰老眼昏에不堪譯經이언만但恐衆生의眼目福田이沒於世間일가하야金剛楞嚴圓覺等諸經을譯之解之하며又心造萬有論等을著述하야二萬餘卷을布於世間이나余神經衰弱이間發故로不得已譯經을廢止하고精修別傳活句참선萬日結社會를創設하니時年이六十二歲러라."

수시로 강조했다. 그러므로 역경사업을 그만두어서가 아니라 원래 백용성의 추구해 왔던 참선 수행으로 돌아온 것이다. 이 결사를 추진한 또 다른 의도는 한국불교의 계율 파괴와 선의 몰락을 우려해서였다. 이러한 현상은 일본불교의 만연과 함께 막행막식하는 승려의 타락에서 비롯된 것이라 할 수 있다. 백용성은 자신의 근거지인 봉익동 2번지 대각교당을 결사회의 임시 사무소로 정하고, 만일참선결사회의 근본 도량은 망월사로 정했다. 결사회의 취지를 『불교』 14호(1925. 8)에 게재하여 불교계에 널리 알렸다.

「精修別傳禪宗活句參禪萬日結社會宣傳文」[175]

大抵末法衆生은如何若何함을不問하고祖關을參究하야決定히透得하기를期約할지라故로本衲이 別記概則으로萬日禪會結社를豫定하오니本參衲子는決定心과奮發心과大精進心을가지고贊同來臨하시와一大事因緣을了畢하야廣度迷倫하심을 敬要
世尊應化二千九百五十二年乙丑六月日
設立者 龍 城 震 鍾

志 願 書 (例)
本衲이今者萬日禪會에參榜코자함에就하야는目的과規律을遵行함은勿論이오一分定期間內에는萬障을堪忍코遊方出入을아니키로誓盟하옵고戶籍, 僧籍의謄本을添付發願하오니入榜을許容하

175 『佛教』 14, 佛教社, 1925. 8, p.45.

심을伏望함

若違背할時는如何한處置라도甘受하게삽

年 月 日（何道何郡何面何山何寺籍）（氏 明㊞）

概 則

一, 本社의目的은活句참선見性成佛廣度衆生으로함

一, 萬日을十期로分定하야一期를三年式定하고右期間內는他處에遊方出入을不得함

一, 本社에參榜코자하는者는志願書에戶籍, 僧籍의謄本을添付提出하며衣鉢을携帶할事

一, 前項을具備치안커나梵行이不潔하거나精進에懶怠하거나諸方에서乖角으로認하는者는入榜을 不許함

一, 私財三石以上을所持한者가禪衆에入榜코자하는時는入榜을不許하되但禪粮을入하는者는 此限에不在

一, 禪衆은三十名으로定함

一, 半月마다梵網經四分律을說하고每月一日上堂하야宗乘을擧揚함

一, 陰十月一日부터十月十日까지來參하되右期日以前은禪粮의供이無함

一, 道場은京畿道楊州郡柴屯面道峰山望月寺

一, 右規則에堪當치못할者는當初에不參하심을敬要

一, 本社의細則은別로히制定함[176]

176 『佛教』 14, 佛教社, 1925. 8, p.45.

결사회의 결사 선전문·지원서·개칙 등을 통해 알 수 있듯이 백용성은 결사 선전문에서 참가할 납자에게 분발심과 대정진심을 갖고 함께 일대사 인연을 지어 선의 진수를 참구하자고 호소하였다. 다음은 정수별전선종활구참선만일결사회규칙精修別傳禪宗活句參禪萬日結社會規則과 입회선중주의사항入會禪衆注意事項이다. 이러한 규칙과 주의사항들을 별도로 명시함으로써 참가자들에게 철저한 수행 생활을 요구한 것을 알 수 있다. 여기서 필자는 임제선을 잇는 우리의 전통불교를 수호한다는 백용성의 결의를 볼 수 있다.

「精修別傳禪宗活句참선萬日結社會(規則·入會禪衆注意事項)」[177]

規則

第一條 本社의 名稱은 精修別傳禪宗活句참선萬日結社會라하야 位置를 京畿道楊州郡道峰山望月寺에 定함

第二條 本社의 主旨는 活句의 참선으로 見性成佛하야 廣度衆生함을 目的함

第三條 本社에 結社는 萬日로 定하되 此를 十期로 分하야 一期를 三個年으로 制定함

第四條 本社의 主旨를 充實히 하기 爲하야

一, 每月初 一日에는 宗乘을 擧揚함

二, 半月마다 大小乘律을 說함

三, 每月 二十日에는 看話正路를 開示함

177 『佛教』 15, 佛教社, 1925. 9, pp.42~45.

四, 午後不食을 斷行함

五, 平時에는 默言을 斷行함

但 以上 四, 五項은 外護法班員에게는 此限에 不在함

六, 外護法班員 以外의 禪衆은 期內에 洞口不出을 斷行함

但 父母師長의 重病 又는 死亡時에 限하야 宗主和尙의 許諾이 有할時는 此限에 不在함

七, 禪衆은 社中一切事에 干涉을 不得함

但 宗主和尙의 許諾이 有할 時는 此限에 不在함

第五條 本社에 參榜하는 禪師의 資格은 左와 如함

一, 梵網經 四分律을 特히 遵守하려고 決心한 者

二, 梵行이 淸淨한 者로 精進에 勤勞하는 者

三, 僧籍, 戶籍과 衣鉢을 갓추 携帶한 者

四, 滿 二十歲 以上으로 五十五歲까지의 氣力이 健康한 者

但 氣力이 特히 卓越한 者의게는 此限에 不在함

第六條 宗主和尙은 佛祖의 正法을 擧揚하며 社內의 一切事를 指揮하고 首座和尙은 宗主和尙을 補佐하야 社中 一切事務를 總理하며 宗主和尙이 出他할 時는 此를 代理함

第七條 本社의 目的을 達키 爲하야 內護法班과 外護法班을 置하고 左와 如히 任員을 配定하야 其 任務를 分掌함

內護法班

宗主和尙의 指揮를 承하야 禪室內의 一切事를 掌理함

一, 立繩 一人 禪衆을 統管함

二, 維那 一人 內外護法班員의 件過와 寺中 一切執務를 査察함

三, 侍佛 一人 法要를 執行함

四, 秉法 一人 佛供及 施食을 擔任함

五, 獻食 一人 每日 獻食을 擔任함

六, 司察 二人 五日間式 輪番하야 默言規則을 嚴히 遵守함

七, 時警 一人 每時에 高聲으로 時를 報하야 禪衆의 道心을 堅固케 함을 擔任함

八, 侍者 一人 宗主和尙室에서 侍奉함

九, 看病 一人 禪衆中에서 病이 發生할 時는 此를 看護함

十, 知客 一人 來客의 接待와 客室規則을 嚴守하야 開起寢과 入放禪規를 大房과 同樣으로 遵行함

十一, 淨桶 二人 每三八日에 大衆浴水를 準備함

十二, 淨頭 二人 每三六日에 大衆의 洗濯水를 準備함

十三, 剃頭 二人 每月 初三日에 大衆을 剃髮함

十四, 磨糊 一人 大衆 所用의 糊造를 擔任함

十五, 鐘頭 一人 法會時에 一般準備를 擔任함

十六, 奉茶 一人 每日 一回의 大衆 飮茶를 擔任함

外護法班

宗主和尙의 指揮를 承하야 社務에 一切事를 掌理함

一, 院主 一人 社務에 一切事를 掌理함

二, 別座 一人 院主를 補佐하야 社務에 從事함

三, 米監 一人 大衆을 詳察하야 供米支給을 擔任함 〈p.43〉

四, 書記 一人 社中一切 文簿를 掌理함

五, 園頭 一人 菜田의 耕種培養과 山菜의 採取를 擔任함

六, 菜供 一人 饌需料理를 擔任함
七, 供司 一人 食料料理를 擔任함
八, 負木 二人 柴木供給을 擔任함
第八條 結制中에 戒律 又는 規則을 犯하는 者가 有할 時는 宗主和尙이 此를 輕重에 依하야 處罰함
但 宗主和尙의 命規를 不從할 時는 大衆이 協議하야 山門外로 逐出함
第九條 此 規則中 未備한 點이 有할 時는 宗主和尙이 臨時로 規定하야 發表함

「入會禪衆注意事項」[178]

一, 禪衆은 切心工夫하야 見性通宗으로 最急務라 自認한 者로 一切公議와 一切寺中事에 干涉을 不得함
一, 民籍上에 妻子가 有한 者로 或 妻子가 來往하든지 或 書物이 頻煩하게 來往하야 禪衆의 道心을 紊亂하게 함을 不得함
一, 本結社에 入榜코자 하는 者는 請願書에 戶籍과 僧籍謄本을 添付하야 陰八月 末日 以內로 提出하되 入榜承諾書는 陰 九月 十日에 發送함
一, 入榜承諾書를 受得한 者는 自 十月 一日로 至 十月 十日 以內에 道峰山 望月寺로 參集함
一, 入榜承諾書를 受得한 者라도 衣鉢坐具等을 携帶하지 않흔

178 『佛教』 15, 佛教社, 1925. 9, pp.42~45.

者는 入榜을 不得함

一, 結制中에 梵行이 不潔하거나 精進에 懈怠하거나 社中規則을 遵守치 않커나 諸方에서 乖角으로 共認하는 者에게는 大衆과 同居함을 不得함

一, 私財 三石以上을 所有한 者로 禪粮을 納入하는 者는 入榜을 許하되 此에 不應하는 者는 入榜을 不許함

一, 殺生, 偸盜, 邪淫, 妄語, 綺語, 兩舌, 惡口, 貪, 瞋, 邪見하는 者와 飮酒食肉이 無妨般若라 하는 者는 同居함을 不得함

一, 半月마다 大小乘律을 說할 時에 此를 或 誹謗하는 者는 同居함을 不得함

一, 說法時에 問法決擇을 不許함

但 所疑處가 有할 時는 下堂後에 入方丈하야 決擇함이 可함

一, 坐禪時에 無故히 不參하는 者와 規則을 紊亂케하야 大衆을 煩動케하는 者에게 三諫하여도 不從하는 者는 同居를 不得함

一, 病者以外에는 佛供時와 禮佛時에 必히 參席함

一, 師尊과 老宿에게 不敬하며, 惡性으로 凌辱하야 大衆과 和合하지 못하는 者는 同居함을 不得함

一, 定日以外에 沐浴 洗濯 剃髮함을 不得함

一, 粥時에는 二種饌이오 飯時에는 三種饌 以上을 超過함을 不得하되 檀越供이 有할 時와 十齋日에는 此限에 不在함

一, 臺上禪院에서는 長時默言하되 每月 四回의 說法日에는 少許에 言語를 通하나 高聲大言과 雜談을 不許함

但 緊要한 事가 有할 時에는 言語者間에 出外通情하되 十五分以

上을 超過치 못함

一, 雖 俗人이라도 五辛菜와 酒肉을 此 道場內에 携來하지 못함

一, 檀越이 衣服을 大衆의게 提供코져할 時는 維那가 禪衆에게 衣服 有無를 詳細히 調査하야 分給함.

但 偏信으로 別請施給코자할 時는 衣服을 受取하야 留置하얏다가 檀越去後 三日에 大衆中 衣服이 無한 比丘의게 施給함

京城府 鳳翼洞 二番地

活句참선萬日結社會 臨時事務所 發表[179]

다시 한 번 규칙과 주의사항들을 별도로 명시함으로써 참가자들에게 철저한 수행 생활을 요구한 것을 알 수 있다. 다시 한번 필자는 임제선을 잇는 우리의 전통불교 화두 참선을 수호한다는 백용성의 결의를 강조하고 싶다.

이처럼 정수별전선종활구참선만일결사회精修別傳禪宗活句參禪萬日結社會의 규칙規則·입회선중주의사항入會禪衆注意事項을 통하여 그 당시 이 결사회가 화두 참선으로 견성성불하여 중생을 제도하겠다는 목적을 가지고 있음을 알 수 있다. 또한 오후불식午後不食이나 결사기간 동안 동구불출洞口不出을 단행하고 사분율四分律의 준수를 강조한 것을 볼 때 한국불교의 전통성을 살리려는 백용성의 의지가 잘 드러나 있음도 알 수 있다. 그 밖에도 규칙을 어긴 자는 처벌을 받으며 술과 고기를 먹는 것이 깨달음에 관계없다고 여기는 자들은 대중들과 동거하지 못함을 명시하고 있다. 만일참선결사회는 이같이 엄격하고 철저

179 『佛敎』 15, 佛敎社, 1925. 9, pp.42~45.

한 규칙인 청규淸規를 제정하였다. 이는 참석자들의 각별한 각오를 준비시키기 위한 것이었지만, 나아가서는 우리 불교의 정통성을 회복하기 위한 차원에서 나온 청규였다.

이상의 규칙과 주의사항을 살펴보면 백용성이 의도하였던 만일참선결사회의 특성이 잘 열거되어 있다. 여기에는 참선을 통한 깨달음을 얻어 중생을 제도하겠다는 결연한 의지가 표출되어 있다.[180] 백용성이 추진한 만일참선결사회는 한국 선불교의 전통을 회복하고 그 선사상의 맥이 임제종에 있음을 재천명했다고 볼 수 있다. 당시 『조선불교』 18호(1925. 10)에서 만일참선결사회를 소개했는데, 기사의 제목이 '조선에 임제 전문도량 생기다'라는 것에서 그를 알 수 있다. 백용성은 여러 가지 준비를 마치고 참가 대중을 모집하여 1925년 10월 초에 결사회 채비를 마쳤다.[181] 그리고 이 결사가 원만히 이루어지도록 다음과 같이 발원하였다. 「활구참선만일결사발원문活句參禪萬日結社發願文」은 다음과 같다.

「活句참선萬日結社發願文」[182]

三寶聖賢前 出家弟子震鍾謹伏白
時當五濁惡世中 衆生作業無有量
茫茫苦海無出期 以此爲懇發菩提

180 김광식, 『용성』, 민족사, 1999, p.151.

181 위의 책, p.152.

182 「용성선사어록」, 앞의 책, pp.354~356.

曠劫父母六親等 三界苦海恒出沒
六途昇沈苦萬端 以此爲愍發菩提
四生六趣諸群生 弱肉强食怨積深
以此爲愍發菩提
我今薄福無能力 志願大而力量小
發憤勇猛立誓願 誓度衆生如地藏
現今微誠設禪會 如救火山一瓢水
我智廣大如文殊 毘盧遮那大願海
普賢觀音恒以友
塵塵刹刹現佛身 恒度衆生無疲厭
十四無畏卅二應 千形萬態現我身
無盡方便度衆生
仰承三寶觀音力 如是大願能成就
檀越歡心各助力 四事具足無拘碍
虛空界盡衆生盡 我願乃畢成正覺
惟願諸佛作證明
常常護念願成就 世世常行菩薩道
究竟圓成大菩提 摩訶般若波羅密

世尊應化二九四二年十月十五日

발원문에서 이 결사회가 원만하게 성사되기를 바라는 백용성의 간절한 마음을 알 수 있다. 백용성은 결사를 준비·추진하면서 부처의 가피로써 결사 때 예상되는 난관을 극복하려는 심정으로 새로운 계판·인장·불상을 조성하였다.

만일참선결사회會創立記[183]

爾時에龍城이河東郡七佛禪院宗主로被任이러니 … 又時當末運이라非聖力加被면大事를難可進行이라하야意欲聖像이나巧竗技術之士를難可得之라. 故로念慮倍常이러니遇見韓鳳獜하야得聞設計則出言이暗合이러라. 卽時戒板印章과觀音地藏聖像材料를買得하니皆精玉珍寶러라. 戒板은廣이二尺이요長은三尺이며印章은法王之寶와千華正脈과戒師之印과防僞之印이니法王之寶는四方이各五寸이요千華正脈은四方이各二寸五分이요防僞는四方이各一寸五分이요戒師印은四方이各一寸이요觀音聖像은高가一尺七寸이오地藏聖像은高가一尺六寸五分이니皆絶對美術之眞寶이러라. … 又新造二大聖像前에各選一人하야設萬日祈禱하고與五十餘人으로萬日結社를進行하니自謂末法之火中生蓮花이라하노라.

백용성은 일제 강점기라는 역사의 냉혹한 시기에 만일참선결사회라는 거대한 불사를 진행하면서 제불보살님들의 가피 없이는 이 불사를 원만히 성사할 수 없다고 생각했다. 그래서 계판과 인장 및 관음보살과 지장보살 등을 제작하게 된다. 그 당시는 우리 전통불교가 점점 쇠퇴해 가고 있었다. 거의 아무도 하지 않는 전통불교의 맥을 살리기 위해서

183 「용성선사어록」, 앞의 책, pp.350~354.

백용성이 화두 참선 결사회를 시작할 때 성공을 기원하며 부처님의 가피를 간절히 바라는 그의 마음을 읽을 수 있는 내용이다.

다음은 한보광 스님이 소장하고 있는 「만일참선결사회 방함록(1925~1927, 망월사·내원암)」[184]이다.

「만일참선결사회 방함록(1925~1927, 망월사·내원암)」[185]

世尊應化貳九五二年乙丑十月十五日

丙寅

丁卯

萬日禪會

芳啣錄

世尊應化二九五二年乙丑冬安居

祖室 龍城大和尙 海印寺

首座 薛石友 長安寺

立繩 鄭雲峰 仙岩寺

維那 安月松 梵魚寺

秉法 全錦超 內院庵

李芝岩 釋王寺

---

184 「만일참선결사회 방함록(1925~1927, 망월사·내원암). 이 방함록(성남시 정토사 소장)은 근대 경기 성남시 등록문화재(637호)로 2014년 10월 29일에 등록되었다.

185 「만일참선결사회 방함록(1925~1927, 망월사·내원암)」, 『백용성 대종사 총서』 7, 대한불교조계종 대각회, 2016, pp.409~417.

持殿 金蓮湖 海印寺
柳定菴 仙岩寺
崔玄門 內院庵
柳靈照 梵魚寺
黃桂玉 松廣寺
獻食 趙性月 長安寺
時警 朴石頭 乾鳳寺
知賓 張雪峯 釋王
金東日 內院庵
記錄 李檀菴 內院庵
河東山 梵魚寺
金瓊林 京城
看病 朴昌洙 白羊寺
鄭承梵 內院庵
禹性天 梵魚寺
金壯潤 把溪寺
掃地 孫淨海 內院庵
朴普覺 內院庵
李海山 長安寺
魯弘濟 內院庵
曺東湖 仝
淨桶 張永峯 把溪寺
吳在燮 來蘇寺

姜泰秀 內院庵

淨頭 李在禧 白羊寺

金鍾協 把溪寺

磨糊 趙長信 內院庵

尹相彦 海印寺

奉茶 韓鍾秀 內院庵

鍾頭 朴可喜 長安寺

玄又玄 白潭寺

侍者 李性學 望月寺

表檜岩 興國寺

魯德眞 富平

李千奉 京城

比丘尼 李性慧 長安寺

淸信女 梁勤修華 羅州

金正妙心 唐珠洞

高菩薩 大明庵

別座 李月下 泰安寺

菜供 金奉三 海印寺

供司 全德成 興國寺

負木 朴士允

金德元

金化瑞

李成道

書記 河淨光 內院庵

院主 金警惺 海印寺

住持 鄭石菴 望月寺

世尊應化二九五三年丙寅三月 初十日에 京畿道 楊州 道峰山 望月寺에서 萬日禪會를 慶尙南道梁山郡 千聖山內院庵으로 移來하다

丙寅年夏安居

祖室 龍城大和尙 海印寺

立繩 全錦超 內院庵

長老 金蓮峯 通度寺

孫石潭 仝

禪伯 張寶雲 表忠寺

金雪山 通度寺

禪德 朴致淳 仝

禪德 金舊翁 表忠寺

林龍雲 把溪寺

金寶虛 內院庵

李芝巖 釋王寺

秉法 安普光 望月寺

持殿 金蓮湖 海印寺

獻食 趙性月 長安寺

譯經 鄭時鏡 釋王寺

崔英虎 乾鳳寺

知賓	朴聖元	內院庵
	金東日	仝
記錄	李檀庵	仝
	河東山	梵魚寺
錢監	金警惺	海印寺
米監	河淨光	內院庵
	李龍珠	通度寺
看病	崔玄門	內院庵
	具萬化	仝
	鄭承梵	仝
	柳靈照	梵魚寺
掃地	朴德雲	內院庵
	張永峯	把溪寺
	曺東湖	內院庵
淨桶	孫淨海	仝
	朴仁谷	白羊寺
	韓鍾秀	內院庵
	姜世融	仝
磨糊	趙長信	仝
	朴石頭	乾鳳寺
奉茶	金壯潤	把溪寺
	金學洙	通度寺
鍾頭	尹古庵	海印寺

侍者 魯德眞 富平

李千奉 京城

朴長律

淸信士 金香泉 京城

池影月 仁川

淸信女 梁勤修華 羅州

園頭 李月下 泰安寺

別座 李道允 內院庵

菜供 徐鳳衛 通度寺

供司 金祥福 內院庵

負木 崔敬德 中防里

山監 鄭台善 通度寺

事務 金慧光 仝

書記 柳正河 內院庵

姜泰秀 仝

院主 金聖鶴 仝

住持 文印坡 通度寺

世尊貳九五參年 丙寅冬安居

祖室 龍城大和尙 京城府鳳翼洞二

海印寺

立繩 全錦超 京畿道開城郡嶺北面雲興寺

本庵

禪伯 金雪山 密陽郡丹場面九川里

通度寺

禪德 金寶虛 水原郡安龍面松山里一六九

高夢惺 蔚山郡瀧東面加垈里

通度寺

持殿 張白牛 尙州郡沙代面化達里

金龍寺

朴聖元 釜山府几一町

本庵

獻(獻)食 孫淨海 任實郡新德面照月里

本庵

知賓 李龍珠 盈德郡南亭面道川里

通度寺

看病 金光日 安州郡雲谷面盤龍里

普賢

掃地 趙長信 高源郡河德面水東里

本庵

淨桶 金明淳 金龍寺

磨糊 韓鍾秀 鎭安郡聖壽面新基里

本庵

奉茶 鄭承梵 鐵山郡雲山面銀川里

本庵

鍾頭 金鶴洙 通度寺

侍者 姜世融 安東郡直面九川里三三

本庵

別座 曺東湖 統營郡山陽面◯◯里

本庵

李道允 高興郡浦頭面南村里

本庵

菜供 金性柱 仙岩寺

供司 金祥福 淸道郡錦川面芳旨里一四三

負木 崔敬德 中防里

山監 鄭台善 梁山郡下北面龍淵里

通度寺

事務 朴德雲 京城府鍾路六丁目二ㅎ一

本庵

書記 姜泰秀 長淵郡樂道面松竹里七六三

本庵

院主 朴致淳 梁山郡下北面芝山里

通度寺

住持 金警惺 星州郡伽泉面法田里

海印寺

丁卯年夏安居

祖室 龍城大和尙 京城府鳳翼洞二

海印寺

立繩 孫淨海 任實郡新德面照月里

本庵

禪德 金普虛 水原郡安龍面松山里
金雪山 密陽郡丹場面九川里
通度寺
仝錦超 開城郡嶺北面雲興寺
本庵
朴枕空 梁山郡下北面芝山里
通度寺
朴月印 上仝
秉法 崔智月 梁山郡下北面草山里
通度寺
持殿 朴聖元 釜山府凡一町
本庵
金明淳 金龍寺
姜龍得 晋州郡
○○寺
獻食 李秋庵 高敞郡星內面新星里
定慧寺
知賓 權尙一 仙岩寺
鍾頭 姜龍得
淨桶 金明淳
茶角 金德壽 星州郡伽泉面法田里
海印寺
看病 李牧庵 宜寧郡大義面

本庵

磨糊 ○聖湖 安東郡下北面下爲里

○○寺

菜供 金性柱 仙岩寺

供司 金潛迷 淸道郡錦川面芳旨里

本庵

負木 李尙昊 龍淵里

相浩

山監 李貞宰 盈德郡南亭面道川里

通度寺

院主 張象林 桐華寺

書記 姜旭在 長淵郡長淵面仙亭里

本庵

法務 河淨光 ○○郡○○面○○里

本庵

事務 朴德雲 京城府鍾路六丁目二○一

本庵

住持 金警惺 星州郡伽泉面法田里

海印寺[186]

한보광 스님의 소장본(성남시 정토사)인 경기 등록문화재 제637호

---

186 「만일참선결사회 방함록(1925~1927, 망월사·내원암)」, 『백용성 대종사 총서』 7, 대한불교조계종 대각회, 2016, pp.409~417.

'성남 백용성 선사 만일선회 방함록'에는 1925년 망월사 동안거 기록과 1926년부터 1927년 사이에 있었던 통도사 내원암에서의 하안거와 동안거 내용이 전하고 있다. 백용성이 조실로 기록되어 있는 만일참선결사회 망월사 초기 방함록 명단에는 총 55명이 기록되어 있다.

만일참선결사회에 참여한 다양한 성격의 수행자들이 있지만, 여기에서 만일참선결사회에 참여한 주요 수행자를 소개하는 것도 의미가 있다. 왜냐하면 이들 중에는 백용성 선사가 입적한 후 한국불교계를 이끈 기라성 같은 분들이 많이 있는데(표 4-1 참고), 이는 백용성이 이끈 만일참선결사회가 그만큼 근대 한국 전통불교를 중흥시키는 큰 다리 같은 구실을 하였기 때문이다. 본서에서는 다음과 같이 표로 만들어보았다.

〈표 3-1〉 만일참선결사회에 참여한 주요 수행자[187]

수좌, 설석우 입승, 정운봉	동화사 조실, 조계종 종정 향곡(묘관음사)의 법사
지빈, 장설봉	1950~60년대 범어사, 선암사 부산불교에서 활동
기록, 하동산 백용성의 상수제자	범어사 조실, 조계종 종정
마호, 윤상언 백용성의 전법제자	해인사 방장, 조계종 종정

187 김광식의 「만일참선결사회의 전개와 성격」의 내용을 바탕으로 표로 구성했다. 김광식, 「만일참선결사회의 전개와 성격」, 『大覺思想』 27, 대각사상연구원, 2017, pp.172~173.

간병, 박창수 백용성의 수법제자	해인사 조실, 인곡
정통, 강태수	범어사 강주, 강고봉
정두, 김종협	파계사 조실, 고송
지전, 최현문	수덕사 조실, 현문
시자, 표회암 백용성의 은법제자	대각사 주지, 회암
원주, 김경성 백용성의 수법제자	해인사 용탑선원 창립

이처럼 결사회에 참여한 수좌들과 그들이 그 후 한국불교계에서 활약한 내용들을 볼 때 만일참선결사회의 위상을 짐작할 수 있다. 아울러 결사회 동참자들이 참선으로 크게 깨달은 백용성 선사로부터 받은 가르침이 얼마나 지대했는지를 짐작할 수 있다. 그리고 이 결사회의 참여 대중에는 비구니 1명, 재가 여성 3명 등 총 4명의 여성이 나온다. 이는 결사회가 사부대중이 참가하는 형태였음을 말해주는 것이다.[188] 나아가서 대각교 운동에서의 여성 참여, 부인선회를 백용성이 운영한 것이 우연이 아님을 알 수 있다. 즉 백용성의 여성 배려는 주목할 내용이다.

한편 백용성은 만일참선결사회를 창설하는 행위를 스스로가 '말법의 불구덩이 속에서 연꽃을 피운 것'이라고 인식했다.[189] 예를 들어

---

188 조승미, 「백용성의 참선 대중화운동과 부인선원」, 『대각선원』 27, pp.204~205.

189 백용성, 「만일참선결사회會創立記」, 『백용성 대종사 총서』 1, 대한불교조계종 대각회, 2016, p.354.

백용성은 규범을 세울 때 선과 계율을 함께 세우는 것은 참으로 엄정하지만, 특히 오후불식과 장시간 묵언하는 등의 규범 지키기를 요구하는 것은 힘든 일이었다고 말하고 있다.[190]

이렇듯 결사의 성공을 간절히 기원하는 백용성의 희망과는 달리 망월사에서 시작한 만일참선결사는 진행 도중에 문제가 생겨 망월사에서 부득이 통도사로 이전되었다.[191] 망월사가 있는 도봉산의 산림이 보안림에 편입되어 그 산의 나무를 사용하는 데 제재를 받은 것이다. 결사기간 중 사용할 연료로 쓰일 나무 벌채에 대해 제재를 받았으니 만일참선결사를 정상적으로 진행할 수 없었을 것이다. 그래서 1926년 4월경 통도사의 내원암으로 이전하게 되었다.

> 白龍城禪師의主唱下에京畿道楊州郡道峰山望月寺內에活句참선萬日結社會를開催함은本誌에已報한바이나道峰山의森林은保安林에編入됨으로禪衆은多數하고燃料는不足하야到底히三年一期를充滿하기難하므로不得已慶南梁山郡通度寺內院庵으로移住하였으며兼하야삼장역회의事業도그리移轉하야華嚴經飜譯에着手한다더라.[192]

---

190 백용성, 「만일참선결사회會創立記」, 『백용성 대종사 총서』 1, p.352, "暗思我佛의以戒爲師之囑하고禪律을幷運而立規가甚嚴하니午後不食과長時默言과洞口不出이諸規新造中難關이요."

191 김광식, 『용성』, 민족사, 1999, p.154.

192 「活句참선의 移轉」, 『佛教』 23, 1926. 4.

그리고 그 당시 통도사 주지였던 송설우는 많은 지원을 하였다. 즉 통도사 부속암자였던 내원암과 그 밖에도 네 곳의 부속 암자, 즉 성불암·금봉암·안적암·노전을 전부 선원으로 만들면서 내원암 주실이자 만일참선결사회를 주도하던 백용성의 관하에 그 암자들을 예속시키기로 결정하였다.[193] 이렇듯 통도사에서도 후원을 하였지만 백용성이 감당해야 할 재정적인 부담도 상당해 보였다. 1927년 백용성이 경봉에게 보낸 편지에서 백용성의 고뇌가 잘 나타나 있다.

> 生은 今年度에 內院에 對하야 去年度 寺中責務 所用된 것이 七百圓이 禪客의 所用 外에 無名色하게 所用되엿고 今年度에 財團條 七百圓給하고 又禪院에 不足이 된다 하여서 四百圓을 給하였는데 住持가 絶對로 辭免하것다고 하여서 萬端개유하여도 都不聽之하니 是可歎也라 生은 今年에 禪院에 對한 責任은 다하엿고 更히 加算하여 줄 수는 無한 事라 … 禪院首座는 無一人可合者니 時耶緣耶 且奈何오 吾恐佛法이 自弊일가 합네다.[194]

---

193 김광식, 『용성』, 민족사, 1999, p.155.

194 백용성, 「용성 스님이 경봉스님에게(7)」, 『백용성 대종사 총서』 7, pp.265~267, "생(용성)은 금년도에 내원에 대하여 작년도에 사중의 빚으로 쓴 것 중에 7백 원이 선객의 소용 외에 명분 없이 소용되었기에 금년도의 재단조로 7백 원을 주었고 또 선원에서 부족된다 하여서 4백 원을 주었는데, 주지가 사표를 내겠다고 하여서 여러 번 권유해 보았으나 도무지 듣질 않으니 탄식할 노릇입니다. 생은 금년에 선원에 대한 책임은 다하였고 다시 가산하여 줄 수 없는 형편입니다. … 더구나 선원 수좌首座는 한 사람도 합당한 이가 없으니 시절 탓인가 인연 탓인가 또 어찌하면 좋겠습니까. 불법이 스스로 폐지될까 두렵습니다."

백용성이 결사회를 운영하면서 겪는 내원암의 재정적인 고충과 선원 수좌들로부터 겪는 심적인 어려움이 절절히 묻어나오는 대목이다. 또한 결사회에 참여한 수좌들이 규칙을 스스로 파괴하고 있음을 토로하고 있다.

> 世上이 一도 信할 것이 無하외다 生은 精誠을 다하여 한 일이온대 三年 洞口不出 午後不食 等 一切規則을 皆自破壞하고 我의 指揮는 一毫도 不遵하니 我의 信心도 亦懈怠하게 되엿심네다.[195]

재정적인 고충과 수좌들의 규칙 불이행에서 오는 큰 실망감이 더해져서 만일참선결사회는 1927년 8월에 자진 해소되었다. 정식 명칭은 정수별전선종활구참선만일결사精修別傳禪宗活句參禪萬日結社이다.

그러나 결사회의 취지를 살펴볼 때 이 결사회가 화두 참선으로 견성성불하여 중생을 제도하겠다는 목적을 가지고 있었음을 알 수 있다. 또한 오후불식이나 결사기간에 동구불출을 단행하고 사분율의 준수를 강조한 것은 왜색불교에 맞서 계율을 지켜 한국불교의 전통성을 살리려는 백용성의 의지가 잘 드러난 것이었다.

김광식은 「만일참선결사회의 전개와 성격」에서[196] 결사회의 성격을 다음과 같이 고찰하였다. 결사회는 첫째, 간화선 활성화라는 적극적

---

195 백용성, 「용성 스님이 경봉스님에게(7)」, 『백용성 대종사 총서』 7, 대한불교조계종 대각회, 2016, p.266.

196 김광식, 「만일참선결사회의 전개와 성격」, 『大覺思想』 27, 대각사상연구원, 2017, pp.310~111.

의지가 있었고, 둘째, 계율 수호라는 강렬한 의식이 보이며, 셋째, 수행 풍토를 개선하려는 의지가 보이고, 넷째, 식민지 불교에 대한 반대 의지가 보인다. 다섯째, 선 결사라는 독특한 성격을 지니고 있고, 마지막으로 백용성 선사의 불교사상에는 선이 제일 중요함을 파악할 수 있었다고 구분하고 있다. 이것은 필자가 계속해서 주장하고 있는 백용성 선사의 생애에 걸쳐 구현되고 있는 '참선불교 실행'과도 맥을 같이하고 있음을 알 수 있다.

앞에서 살펴본 바대로 백용성이 경봉스님께 보낸 편지에는 결사를 진행하는 동안 백용성이 느낀 좌절감과 규칙들을 지키지 않는 수좌스님들에 대한 실망감이 잘 나타난다. 그럼에도 불구하고 백용성 자신이 말한 대로 만일참선결사의 진행은 '말법의 불구덩이 속에서 연꽃을 피운 것'과 같았다고 할 정도로 그 의미는 큰 것이었다. 그리고 '조선에 임제 전문도량 생기다'라는 문구처럼 임제선을 이어 한국 전통불교를 살리기 위해 화두 참선만을 정밀하게 수행하려는 결사회를 조직했던 것이다. 그리고 이 사실은 일제 암흑기뿐만 아니라 숭유억불 정책이 시작되었던 조선시대를 포함하여 우리 불교역사에서 참선 수행의 중요성을 새기는 하나의 획기적인 사건, '참선불교'를 구현하는 사건이라고 볼 수 있을 것이다. 또한 이 결사회는 해방 이후 봉암사 결사의 연원[197] 및 용성문도의 역사의식 자료로 활용되었다.[198] 여기에

197 김호성, 「봉암사결사의 윤리적 성격과 그 정신」, 『봉암사결사와 현대 한국불교』, 조계종출판사, 2008, pp.131~134.

198 덕산, 「용성문도와 불교정화의 이념」, 『범어사와 불교정화운동』, 영광도서, 2008, pp.631~635

서 결사회의 역사적 위상을 평가할 수 있다.

제2절 화과원華果院

1927년에 백용성은 대각사상을 대내외에 공표하였다. 그리고 같은 해 백용성은 화과원을 건립하였다. 즉 경성에 위치한 대각교 중앙본부(대각사)의 지부를 함양 백운산에 세웠으니 그것이 화과원이었다.[199] 이후 화과원은 백용성 참선불교를 구현하는 참선불교(禪農佛教)와 혁신불교革新佛教의 상징으로서 자리매김을 한다.

백용성은 1920년대 후반 백용성의 신도였던 순정효 황후(윤비 마마), 그리고 황후의 영향력 하에 있었던 상궁들(최창운崔昌雲, 고봉운高鳳雲, 김순명金順明 등)의 절대적인 재정 후원으로 백운산에 화과원을 건립했다.[200] 특히 최상궁은 백용성이 도심으로 내려와 포교 활동을 하는데 자주 등장하는, 백용성의 신도이다. 그는 대각사를 세우고 대각사의 부인선방을 만든 주역이기도 했다.[201]

> 진골(운니동)에 살면서 경성사범부속여자보통학교를 졸업한 성보살이 별궁에 들어가게 된 인연은 대각사에서 맺어졌다. 그는 용성

---

199 김광식은 그의 논문 「화과원의 역사와 성격」(p.31)에서 경성의 대각사는 대각교 중앙본부로, 함양과 연변은 지부로 이해하고 회덕(충남), 나남, 용정 등은 포교소로 이해한다고 밝히고 있다. 필자도 이 책에서 그 구분을 따른다.

200 김광식, 「화과원의 역사와 성격」, 『大覺思想』 28, 대각사상연구원, 2017, p.16.

201 위의 논문, p.14.

스님이 운영한 대각사 일요학교 학생이었다. 고불화古佛華도 용성 스님에게서 받은 불명이다. 용성 스님이 만든 찬불가를 풍금 반주에 맞춰 배우며 열심히 일요학교에 나온 소녀 고불화는 대각사를 세운 화주 보살 최상궁 눈에 들었다. 최상궁은 고상궁과 함께 대각사 창건의 화주로서 지밀나인이었다. 별궁의 애기 항아님이 되어서도 성상궁은 침방 상궁들과 대각사를 다녔다. "옛날엔 상궁들이 다 불교 믿었죠. 그 당시 별궁 상궁들은 가까운 선학원에 많이 나갔어요." 성보살은 용성 문하의 동산·고암·자운 스님의 법문도 듣고, 참선도 했다. 대각사에는 최상궁이 만든 부인선방이 있었다.[202]

이처럼 최상궁은 백용성의 참선포교 활동에도 깊은 관여를 하였으니, 그는 진실한 백용성의 후원자로 보인다. 백용성이 대각교 중앙본부인 경성의 대각사 지부로서 함양에 화과원을 세웠는데 그 명칭도 새겨 볼 필요가 있다.

용성 스님이 화과원이라 이름하여 백운산에 선농禪農을 병행하는 항일 불교단체인 대각교를 창시하고 경제적 자립상태에서 장과莊果=화과華果의 참뜻인 인과상즉무애因果相卽無碍를 몸소 후진들에게 교시하신 것은 불교사적 뿐만 아니라 역사적으로도 높이 평가되어야 할 것이다.[203]

---

202 「역사의 증인, 마지막 상궁 成古佛華 보살」, 『불교신문』 1992. 8. 19.
203 김달진, 「나의 인생 나의 불교」, 『산거일기』, 세계사, 1990, p.236.

화과원에서 백용성을 도와『화엄경』윤문을 했던 김달진은 위와 같이 회고하면서 그 명칭에 깊은 불교적 뜻이 있다고 설명했다. 이렇듯 백용성이 세운 화과원은 경남 함양군 백전면 백운리 46, 47번지의 백운산에 위치하고 있었다. 1940년 무렵에는 그 면적이 447,659평(당시 시가로 11,097원으로 환산될 수 있다)에 이르렀다고 한다.[204] 화과원은 백용성이 입적한 이후에도 원래대로 그 기능을 했다. 그러나 1950년 한국전쟁으로 법당과 요사채가 불타 소실되었다. 그 이후 백용성 문도(혜원)의 원력으로 사찰의 일부 기능이 부분적으로 회복되었다.[205]

백용성은 화과원을 설립하면서 그곳에 과수원을 운영했다. 그리고 야채와 감자도 재배했다. 이것은 백용성이 이곳에서 선원을 운영하면서 신도들이나 국가에 의지하지 않고 수행공동체 생활을 하려고 했던 것에서 나온 것이다. 화과원의 성격과 운영은 일제와 그 당시 화과원을 탐방하고서 기고한 글에서 찾을 수 있다.

"지금으로부터 6년 전 경남 함양군 백양산에 가서 산림, 황무지 등 수만 평을 매입해 그것을 개간하고 과수 야채 감자(마령서馬鈴薯) 등을 재배하고 자급자족自給自足의 정신으로 일하고 옆 촌락村落의 빈민貧民아동을 모아서 교육하고 있습니다. 이리하여 자연과 함께 여생을 보낼 예정입니다. 현대 세상에 살아가기 힘들어진 탓인지 인심은 흉흉해지고 신자에게는 신념이 없어지고 모든 일을 이룸에

---

204 김광식,「대각교의 조선불교선종 총림으로의 전환과정 고찰」,『大覺思想』20, 대각사상연구원, 2013, pp.86~87.

205 김광식,「화과원의 역사와 성격」,『大覺思想』28, 대각사상연구원, 2017, p.24.

는 어려움을 느낄 뿐만 아니라 대개는 실패하는 것이 보통입니다. 따라서 이후에는 신도信徒의 힘에 의해서 생활해 가려 한다면 매우 잘못입니다. 이후 승려僧侶는 모름지기 스스로 일해서 스스로 먹는 소위 자신의 힘으로 생활하는 정신을 가져야 하는 것입니다"라고 힘주어 말했다.[206]

이와 같이 백용성은 경제적 자립을 중요시하고 이것을 사원 운영에도 적용하려고 했다. 화과원의 운영을 그 당시 화과원에서 수행했던 대중의 회고에도 나온다.

> 함양에 갈 때에는 과수원이니까 일을 해야 하거든. 그런데 수좌들은 일하기 싫어했어. 용성 스님은 그런 수좌들을 싫어했어.[207]

> 다음해(1935)에는 백용성 스님이 창립한 항일 불교단체인 대각교가 운영하는 화과원(華果院; 함양 백운산)에서 반선半禪 반농半農의 수도생활을 하면서 용성 스님이 번역한 『화엄경華嚴經』의 윤문潤文에 전심전력하였다.[208]

위와 같은 내용에서 화과원은 선농불교의 구현처였음을 확실히

---

206 심두섭, 「白龍城師를 찾아서」, 『조선불교』 89, 1933. 6.

207 선우도량, 『22인의 증언을 통해 본 근현대 불교사』, 선우도량 한국불교 근현대사 연구회, 2002, pp.68~69.

208 김달진, 「나의 인생, 나의 불교」, 『불교사상』 7, 1984. 6, p.37.

알 수 있다. 화과원은 선원의 역할도 분명하게 하였던 것이다. 이것으로 백용성은 이른바 선농불교禪農佛教를 제창하며 또 다른 형태의 선포교 활동을 했다고 볼 수 있다. 화과원의 선원에는 약 8~15명의 수좌가 머물면서 수행을 하였다. 그는 아래의 표에서 살필 수 있다.

〈표 3-2〉 화과원 선원의 개요[209]

수행	수행 지도자	대중
하안거(1940년)	李仙坡(祖室) 朴杲南(立繩)	9명
동안거(1940년)	朴影潭(禪德) 李大石(立繩)	11명
하안거(1941년)	梁載國(立繩)	8명
동안거(1941년)	邊峯庵(立繩)	11명
하안거(1942년)	李仙坡(祖室) 朴影潭(禪德) 李能慧(立繩)	14명
동안거(1942년)		7명
하안거(1943년)	朴影潭(禪德) 徐禪月(立繩)	11명

위의 표는 1940~1943년 화과원의 정황이다. 그러나 백용성이 주관하였던 1927~1940년에도 선원에서 일정한 수좌들이 함께 수행하였을 것이다. 즉, 화과원의 선원은 백용성 당시에도 분명히 운영되고 있었음을 말해주는 증언이 있다. 조용명(통도사)은 1931년에 화과원에 거주하였는데 "판대기에다 한문으로 함양군 백전면 화과원, 옆에다 선원이라고 써 놨다"라고 증언하고 있다.[210] 뿐만 아니라 변월주는

209 김광식, 「화과원의 역사와 성격」, 『大覺思想』 28, 대각사상연구원, 2017, p26.

1937년부터 1941년까지 화과원에서 소임을 보며 수행을 했다. 그 당시 화과원 선원에서 발행한 안거증이 또한 현전하고 있다.[211]

화과원은 백용성이 역경 및 집필을 한 장소이기도 하다. 본서의 대각사 역경 및 저술 부분에서도 다루기도 했는데, 백용성은 이곳 화과원에서 『청공원일晴空圓日』, 『화엄경』, 『오도吾道는 각覺』 등을 저술했다.[212] 김광식은 「화과원의 역사와 성격」에서 백용성의 화과원은 불교혁신의 기반, 새로운 불교를 모색한 도량이라고 그 성격을 정의했다.[213]

> 다음해(1935)에는 백용성 스님이 창립한 항일 불교단체인 대각교가 운영하는 화과원(華果院: 함양 백운산)에서 반선半禪 반농半農의 수도생활을 하면서 용성 스님이 번역한 『화엄경華嚴經』의 윤문潤文에 전심전력하였다. 3·1 독립선언 33인의 한 분인 용성 스님이 화과원이라 이름한 것은 깊은 불교적 뜻이 있었다. … 이렇게 볼 때 용성 스님이 화과원이라 이름하여 백운산에 선농을 병행하는 항일 불교단체인 대각교를 창시하고 경제적 자립상태에서 장과莊果=화과원의 참뜻인 인과상즉무애因果相卽無涯를 몸소 후진들에

210 선우도량, 『22인의 증언을 통해 본 근현대 불교사』, 선우도량 한국불교 근현대사 연구회, 2002, p.70.

211 한상길, 「유물로 보는 봉암 월주의 생애」, 『大覺思想』 26, 대각사상연구원, 2016. p.203, p.209.

212 이수창(마성), 「백용성의 사상과 화과원에서의 저술 활동」, 『大覺思想』 28, 대각사상연구원, 2017. p.50.

213 김광식, 「화과원의 역사와 성격」, 『大覺思想』 28, 대각사상연구원, 2017, p.33.

게 교시하신 것은 불교사뿐만 아니라 역사적으로도 높이 평가되어 야 할 것이다.[214]

김달진도 항일단체인 대각사의 지부로서 화과원을 선농불교로, 그 당시에는 흔하지 않았던 자립경제를 시도하려는 선원, 혁신불교를 실천하려는 선원으로 바라보고 있음을 알 수 있다. 백용성은 또한 화과원을 운영하면서 거기서 나오는 자금을 독립운동 자금으로 사용했는데 이 부분은 본서의 제1장 제3절에서 다루었다.

정리하면, 1927년 백용성은 대각사상을 선언하고 같은 해 경상도 함양 백운산에 화과원을 건립하여 선농불교를 제창했다. 백용성은 화과원에서 당대의 선지식들과 선농불교를 실천하면서 항일 독립운동을 펼쳐 나갔다. 그리고 화과원은 그 당시 왜색불교로 찌들어 가는 한국불교의 개혁과 사원의 자립경제 구축 등을 실천해 나간 도량이었다. 또한 화과원은 선원을 열어서 수행처로서도 그 역할을 했을 뿐만 아니라 지역 빈민아동의 교육복지 사업, 불교경전의 역경과 저술 등의 사업도 전개했다.

백용성과 당대의 선지식들은 화과원을 선원 또는 수도처로 이용하며 그곳에서 선농불교를 실천했고 안거를 실시하며 간화선 수행을 했다. 참선불교의 구현처인 화과원은 항일 독립운동과 함께 불교의 개혁, 사원의 자립경제 구축, 지역 빈민아동의 교육복지 사업, 불교경전의 역경과 저술 등이 이루어졌던 역사문화적 공간이라 할 수 있다.

---

214 김달진, 『산거일기』, 세계사, 1990, p.235.

제3절 용정 대각교당

백용성은 1927년 대각교의 출범을 선언하면서 대각사를 중앙본부로 하고, 그 지부로 만주 용정 시내에 대각교당을 건립하였다. 그리고 지금은 명월진으로 지명이 바뀐 명월촌에 선농당禪農堂(농장)을 세웠다.[215]

용정 대각교당은 용정의 화과원이라 불릴 정도였는데 거기에 딸린 선농당[216]에서 스님들과 신도들이 반농반선半農半禪 생활을 하며 1920년대 독립운동의 한 축을 담당하였다. 용정의 선농당의 설립 취지는 「중앙행정에 대한 희망」이라는 글에서 찾을 수 있다.

> 我는 如是히 觀한다. 世界思潮가 年年月月히 變하고 反宗教運動이 時時刻刻히 突進하고 있다 … 대각께서 吾人의 農商을 禁하였으나 現今에는 도저히 乞食할 수 없게 되었다. 아- 우리는 괭이 들고 호미를 가지고 힘써 勞農하여 自作自給하고 他人을 依賴하지 말자. 余는 此를 覺悟한지가 二十年前이나 勢不得已하지 못하다가 五六年前에 중국 吉林省瓮聲砬子龍山洞에 數千日耕土地를 買收하여 吾教人으로 自作自給케 하였으며, 또 果農을 從事하여 五六年間을

---

215 「용성선사어록」, 앞의 책, pp.385~386.

216 한보광 스님은 「백용성 스님과 연변 대각교당에 관한 연구」에서 대각교당의 농장에 대한 표기를 '연변 대각교당 농장' 혹은 '대각교당 농장'으로 표기하였다(p.80). 여기에서는 김광식의 주장인 禪農堂으로 표기한다.(김광식, 「백용성 스님의 선농불교」, 『大覺思想』 2, 대각사상연구원, 1999, p.76.)

> 勞力中이다. 그러나 내가 이를 自矜하는 것은 아니다. 吾人은 累代로 오며, 寺院土地와 寺院財產이 有하니 急速히 農業을 힘쓰며, 分數대로 梵行을 가지며, 豫定을 堅固히 하여 念佛持呪看經을 行할 것이며 … 또 許多한 財產을 浪費하지 말고 工場이나 혹 農村을 建設하여 敎育하되 吾敎를 不信할 者는 除汰하고 吾敎信仰者를 救急하여 주면 自然히 吾敎가 振興할 것이니 各寺院의 土地가 不小한 것이라 農村이나 都市나 工場을 建設하되 消費事業으로 하지 말고 生產作業으로 하면 一邊은 救濟도 되고 一邊은 發展도 될 것이다. 그러나 아- 너무나 늦어서 병이다. 아무리 늦더라도 하여 보는 것이 좋을 듯하다. … 公的機關이 完全 成立되면 自然法輪이 常轉하고 財產이 浪費되지 안이할 것이다.[217]

백용성은 참선을 통해 대각하여 일반 중생들을 위해 도시로 나왔다. 즉 근대 한국 불교사에 있어서 도시포교를 한 최초의 보살이라고 해도 과언이 아니다. 그런데 그는 이 글에서 승가가 경제적으로 자립하

217 백용성, 「中央行政에 對한 希望」, 『佛敎』 93, 佛敎社, 1932, pp.15~16. 한편 한보광 스님은 이 부분에 대해서 백용성 스님의 노동관과 선농주의에 관한 입장을 네 가지 측면으로 정리하였다. 첫째는 승려가 경제적 이익을 위해서 농사를 짓거나 상업 활동을 하는 것은 부처님 가르침에 기본적으로 어긋나며, 둘째는 시대의 변화상을 볼 때 승가의 자급자족은 필요하며, 셋째는 승가 자신뿐만 아니라 신도들의 생활과 생계에도 도움을 줄 수 있으면 주어야 하고, 넷째는 사원은 많은 유휴지를 개발하여 신도들에게 농토를 주어 농사지어 살게 해주고 물질적인 보시를 해야 한다. 한태식(보광), 「백용성 스님과 연변 대각교당에 관한 연구」, 『大覺思想』 16, 대각사상연구원, 2011, p.92.

여 그 여력으로 신도들의 생활에 도움을 주어야 한다고 서술하고 있다. 신도들에게 물질적 보시를 해서 그들의 생활을 보장해 주어야 한다는 것이다. 신도들을 향한 그의 자비심을 깊이 느낄 수밖에 없다. 게다가 1925년에 출범한 만일참선결사회는 많은 어려움들을 겪었고 결국 1927년에 자진 해산되었다. 필자가 앞의 만일참선결사회 부문에서 이미 논했지만 백용성은 이 결사회를 이끌면서 경제적 어려움도 직면했다. 그런데도 해산된 같은 해에 이렇게 화과원이나 용정 대각교당을 건립하고 또 선농당 등을 세우며 계속해서 신도들을 위해 물질적 보시를 실천하겠다는 선사의 입장은, 필자가 비록 21세기에 살고 있지만 선사를 마음 깊이 존경하지 않을 수 없게 한다. 그리고 그렇게 할 수 있었던 동체대비 자비심은 참선을 통해 수행하며 큰 깨달음을 증득하였기에 가능하였다고 본다.

한편 선농당을 운영하는 주체인 용정 대각교당은 상궁 출신인 고봉운과 최창운이 낸 보시금 총 3만 3,000원의 자금으로 대각교 농장과 용정 대각교당을 1927년에 설립한 것이다. 다음은 이를 뒷받침하는 신문 기사 내용이다.

> 지금으로부터 십이년十二年 전에 경성에 잇는 백상규, 고봉운, 최창운(白相奎, 高鳳雲, 崔昌雲) 三씨가 삼만삼천三萬三千원의 대금으로 명월구급 용정에 토지건물을 매입하여 용정대각교회를 창설하고[218]

---

218 「龍井大覺教會에 突然解散通告」, 『동아일보』, 1938. 4. 3.

또한 경성 대각사의 용정 지부 대각교당이 설립된 사실은 중국 길림성정협문사자료위원회의 기록에서도 찾아볼 수 있다.

> 대각교는 소화昭和 2년(1927) 3월에 대본산맥大本山派으로 출발하였고 교주 백용성의 경성본부의 보조와 지원으로 설립되었으며, 당시의 신도 수는 300여 명이었다.[219]

이 기록에서 보듯이 용정 대각교당의 설립은 그 당시 독립운동이 활발했던 그 지역에서는 큰 화제였을 것이다. 당시 『불교佛敎』 40호에는 「대각교당봉불식大覺敎堂奉佛式」의 제목하에 다음과 같은 기사가 실렸다.

「대각교당봉불식大覺敎堂奉佛式」[220]

> 佛紀二九五四年九月十一日(日曜日) 午前九時에 間島龍井市大覺教堂에서 奉佛式을 擧行한 바 大盛況을 일우엇다는데 順序는 如左함
>
> 一, 右繞三匝(大衆一同)
>
> 一, 奉安佛像
>
> 一, 坐佛偈, 獻供偈, 茶偈(法要師)
>
> 一, 普禮(大衆一同)

---

219 길림성정협문사자료위원회, 『吉林朝鮮族』, 吉林人民出版社, 1993. p.144, p.498.

220 「大覺教堂奉佛式」, 『佛教』 40, 1927. 10, p.52.

一, 發願(大衆一同)

一, 普門品(大衆一同)

一, 四多羅尼(法要師)

一, 精勤(釋迦牟尼佛)(大衆一同)

一, 念佛歌(學生一同)

一, 祝願(法要師)

一, 中壇三拜(大衆一同)

一, 施食(法要師安寶光)

一, 說敎(敎授師鄭時經)

一, 贊演(信徒中)

一, 閉會(隨時)

(龍井市)[221]

위 기사에 따르면 용정의 대각교당은 해외에 세워진 첫 교당으로서 1927년 9월 11일에 봉불식을 거행했다. 이러한 식순으로 봉불식을 함으로써 고국을 떠나온 우리 민족들에게 한국의 전통불교를 소개할 수 있었을 것이다. 그리고 그곳에 거주하는 교포들의 민족의식 및 불교의식을 고양시킴으로써 견고한 단결의식을 가질 수 있었을 것이다.

한편 1920년대 대각사가 세워진 만주 용정에는 불교계가 크게 조선불교계의 귀주사파와 대각사파가 있었고 일본불교계의 정토종과 선종파가 있었다. 이들은 서로 경쟁하며 불자들을 데려가려고 했다. 1934년

221 「大覺敎堂奉佛式」, 『佛敎』 40, 1927. 10, p.52.

에 이르러서는 안도현을 포함하여 연변 5개 현에 사찰이 무려 14개가 있었다. 그리고 그 신도의 수도 2,400여 명에 달했다고 한다.

> 1923년에 연길현 부암촌(富岩村, 지금의 룡정시 팔도향 경내)에 용주사龍珠寺를 세웠다. 1920년부터 1923년에 이르는 3년간에는 일본 불교계의 정토종淨土宗, 선종禪宗파의 조선승려들도 룡정 등지에서 본원사本願寺, 보조사普照寺, 조동종별원曹洞宗別院 등 절간을 잇달아 세웠다. 1927년 조선불교계의 대각사파 역시 룡정에서 절간을 세웠다. 1929년, 1930년간에는 귀주사歸珠寺파도 룡정에서 보흥사普興寺를 짓고 연길에서 연명사延明寺를 새로 지었다. 금세기 20년대 후 연변의 불교계는 수화상극의 두 파로 갈라졌다. 즉 조선불교계의 귀주사, 대각사파가 그 한 파라면 일본불교계의 정토종, 선종파를 다른 한 파로 하여 서로 엇서서 자선사업으로 불자들을 쟁탈했다. 1934년에 이르러 안도현을 망라한 연변 5개 현의 절간은 도합 14개소였고, 불교도는 2,400여 명에 달했다. 일찍이 금세기 20년대 초부터 일본제국주의자들은 연변 땅에 저들의 불교사찰을 애써 운영하며 조선불교도들을 무마하는 정책으로써 조선인들의 반일투지를 마비시키고저 시도하였지만, 그 음험한 목적을 달성할 수 없었다. 그것은 룡정, 도문, 팔도구 등지의 조선불교계인 귀주사파가 광범위한 조선인 민중들의 지지를 얻었고 연변 불교계서 언제나 우세를 점하고 있었기 때문이었다.[222]

---

222 정협연변조선족자치주위원회 문사자료위원회, 「연변문사자료」, 『종교사료전집』 8, 연변인민출판사, 1997, p.80.

위의 자료에 따르면 그 당시 용정 지역에 있었던 사찰들은 모두 일본제국주의자들에 의해 사주된 조선인들이 세웠으며 반일 감정을 무마시키고 조선불교계의 독립운동을 방해했던 것으로 보인다. 그러나 용정의 대각교당은 민족독립운동을 지원하기 위해서 건립하게 되었다고 보는 견해가 있다. 왜냐하면 연길 지역에는 이미 많은 우리 민족이 살고 있었고 또한 많은 애국지사들이 망명하여 독립운동을 하고 있었기 때문이다. 이 부분은 한보광 스님도 같은 주장을 하고 있다.[223] 게다가 백용성은 그가 용정에 못갈 때에는 그곳 책임자들에게 다음과 같이 말했다고 전한다.

> 걸인이나 손님들이 오거든 이유를 묻지 말고 약과 옷과 밥 및 돈을 주어라.[224]

이때 찾아오는 대다수의 사람들은 독립운동가들이었으리라 추측할 수 있는 대목이다. 그리고 해방 후, 1945년 12월 12일 김구 선생은 귀국하자마자 용정 대각교당 중앙본부였던 서울 대각사를 방문하였다. 김구 선생은 용정의 대각교당과 서울의 대각사에서 독립자금을 지원했다는 가능성을 언급했다.[225]

백용성은 1927년 대각교를 선포하면서 한국의 전통불교를 그가

223 한보광 스님, 「백용성 스님과 연변 대각교당에 관한 연구」, 『大覺思想』 16, 대각사상연구원, 2011, p.86.

224 한보광 스님, 『龍城禪師硏究』, 甘露堂, 1981, p.90.

225 한보광 스님, 앞의 논문, p.65.

주창하는 대각사상을 통해서 다시 구현해 보고자 했다. 여기에서 그의 간화선 수행을 빼놓을 수 없을 것이다. 백용성은 간화선 수행을 통해서 크게 깨달은 그 당시 선사였다. 그의 선농불교는 사원의 경제적인 자립을 꾀하기 위해서 그가 주장한 측면도 있지만, 백용성은 선수행을 겸비하기 위해서 선농불교를 주창했다고 본다. 일제하의 봉선사 승려인 이운허는 다음과 같이 증언하였다.

「선농관禪農觀」[226]

如法分衛가 진실로 正命이나 時의古今을짜라 推移치아니할수도 업나니 … 龍城禪師ㅣ일즉 이에뜻두어 今後의僧侶의生活 叢林의 經營이 從來의方軌들 그대로因襲지못할것을 看破하고 自力自給을主唱하는一方 咸陽의白雲山三十餘町을占有하야 柹 栗等樹萬餘株를栽하고 華果院을設하며 間島의延吉明月村 寧鳳村에 七十餘晌의田地를買得하고 教堂을設立하야 僧侶의半禪半農生活의 嚆矢를作한지 벌서十五年이라하니 … 師의語錄을示하고 右事 實을諭하면서 記하라囑하기에 이러히責을塞하다.

後學 龍夏謹記

박용모(진관)는 그의 박사논문에서 백용성의 대각교당과 농장을 관리하는 방식은 과히 혁명적이었다고 주장하였다. 당시 용정 지역 주민들과 불자들에게 큰 호응을 받았을 것이라고 보면서 불교개신운동

226 「용성선사어록」, 앞의 책, pp.385~386.

이었다고 주장한다.[227] 그리고 이운허는 백용성이 간도의 연길에 70여 상(1상=300평)의 전답을 사들여서 승려가 반농반선하는 생활을 시작한 지가 벌써 15년이 흘렀다고 서술하였다. 여기서 백용성(대각교)과 연고가 있는 승려들이 참선 수행을 했으리라는 짐작이 가능하다. 또한 백용성은 용정 대각교당에서 매입한 많은 토지를 용정에 거주하는 불자들이 그들의 삶의 터전으로 사용할 수 있게 했다고 전한다.

즉 이렇게 사들인 땅을 개간하고 농사를 지으며 또한 백용성이 평생에 걸쳐 수행해 온 참선을 그곳 수행자들과 신도들이 함께하며 생활했을 것이라 짐작된다. 한보광 스님도 그의 논문에서 용정의 대각교당에서는 젊은 청년회나 부녀회 등의 신행 활동이 잘 이루어지고 있었다고 추측한다.[228] 이런 일련의 사정을 살펴보건대 활발한 신행 활동 속에서 스님들과 신도들이 함께 농사와 참선 수행을 번갈아 했을 것이라는 확신을 한다. 고향땅을 떠나 낯선 이국땅에서의 배고픔을 견디는 어려운 생활을 하며 힘든 마음을 신행 활동과 참선을 하며 달랠 수 있었을 것이다. 생활 속에서 참선불교가 구현된 순간이다.

용정 대각교당은 함양의 화과원과 같이 대각사상에 걸맞게 새로운 불교의 이미지로 그 당시 핍박받고 생활하고 있던 민중들에게 다가갔다. 또한 용정의 대각교당은 함양의 화과원에 빗대어져 용정의 화과원[229]이라 불리면서 승려들은 이곳에서 농사를 지으며 수행을 했다.

---

227 박용모, 『白龍城의 佛敎實踐運動硏究』, 동국대 박사논문, 2014, p.137.

228 한보광 스님, 「백용성 스님과 연변 대각교당에 관한 연구」, 『大覺思想』 16, 대각사상연구원, 2011, p.96.

229 선우도량, 『22인의 증언을 통해 본 근현대 불교사』, 선우도량 한국불교근현대사

그리고 백용성은 용정 대각교당을 단순한 불교포교당으로 사용하지 않았다. 그는 용정에 거주하는 사람들에 대한 포교뿐만 아니라 민족의 독립운동과 참선 수행을 하는 수행처로 대각교당을 활용하였다.

함양 화과원과 해외 포교당인 만주 용정의 대각교당에서 백용성은 선농불교를 실천하였고 동시에 독립운동을 은근하게 추진하였다. 이렇듯 백용성은 자신이 세운 선포교 도량에서 참선을 가르치고, 포교를 하였으며, 독립운동 활동도 하였다. 무엇보다도 주목할 것은 사원의 자립경제를 이룬다는 신념하에 선농불교라는 그 시대에는 혁신적인 비구승단의 화두 참선 수행 가풍을 진작시켰다는 점이다. 참으로 '참선불교' 실행의 구현이라 할 것이다. 이를 통해 그동안 대중의 물질적 지원에만 의지하던 불교가 정신적인 깨우침뿐만 아니라 물질적인 것까지 대중들에게 제공한 새로운 노선을 보여준 것은 한국 근대불교사에서는 지성적 결단이라고 할 수 있다.

소결

본 장에서는 수행실천으로서의 화두 참선포교를 만일참선결사회, 화과원, 용정의 대각교당을 통해 살펴보았다. 제1절의 만일참선결사회는 일본불교와의 차별성을 보여줄 뿐만 아니라 한국불교의 전통성을 회복할 수 있는 계기를 마련해 주었다. 백용성은 만일참선결사회창립기에서 말하기를 역경사업 등으로 신경쇠약 증세가 가끔씩 일어나

연구회, 2002, p.69.

이 사업을 접고 교외별전敎外別傳인 참선을 정밀하게 수행하려고 이 결사회를 창설했다고 한다. 백용성은 이미 임제종 중앙포교당이나 임제파강구소를 운영하면서 화두 참선의 중요성을 충분히 강조하였다. 백용성은 화두 참선을 최고의 수행법이라고 수시로 강조하였다. 이 결사를 추진한 또 다른 의도는 한국불교의 계율 파괴와 선의 몰락을 우려해서였다. 이러한 현상은 일본불교의 만연과 함께 막행막식하는 승려의 타락에서 비롯된 것이라 할 수 있다. 그래서 백용성은 선율겸행禪律兼行이라는 독특한 수행을 진작시켰다.

제2절에서는 선원 또는 수행처로서 당시 획기적인 선농불교禪農佛敎를 실천했던 함양 화과원을 다루었다. 1927년 백용성은 대각교를 표방하고 같은 해 경상도 함양 백운산에 화과원을 건립하여 선농불교를 제창하였다. 백용성은 화과원에서 당대의 선지식들과 선농불교를 실천하면서 항일 독립운동을 펼쳐 나갔다. 그리고 화과원에서 백용성은 그 당시 왜색불교로 찌들어 가는 한국불교의 개혁과 사원의 자립경제 구축 등을 실천해 나갔다. 또한 화과원에서 백용성은 선원을 설립하여 수행처로 삼았고, 여기서 지역 빈민아동의 교육복지 사업, 불교경전의 역경과 저술 등을 전개하였다.

제3절에서는 만주 용정에 1920년대 한국독립 운동의 주요 활동무대가 되었던 용정 대각교당을 살펴보았다. 용정 대각교당은 함양의 화과원같이 대각사상에 걸맞게 새로운 불교의 이미지로 그 당시 핍박받고 생활하고 있던 민중들에게 다가갔다. 또한 용정의 대각교당은 함양의 화과원에 빗대어져 용정의 화과원이라 불렸는데, 승려들과 신도는 이곳에서 반선반농半禪半農 생활을 하며 참선 수행을 하였다.

그리고 백용성은 용정 대각교당을 단순한 불교 포교당으로 인식하지 않았다. 그는 용정에 거주하는 사람들에 대한 포교뿐만 아니라 우리 민족의 독립을 위해서 대각교당을 활용했던 것이다.

만일참선결사회에서는 계율의 중요성을 강조하고 우리의 전통불교인 화두 참선을 만일참선결사회를 통해서 중흥시키는 또 하나의 계기를 일으켰다. 함양 화과원에서 백용성은 사원의 자립경제를 이룬다는 신념하에 선농불교라는 그 시대에 최초로 등장한 비구승단의 참선 수행 가풍을 새롭게 진작시켰다. 이를 통해 그동안 대중의 물질적 지원에만 의지하던 불교가 정신적인 깨우침뿐만 아니라 물질적인 것까지 대중들에게서 독립하는 새로운 모습을 보여준 것은 특별한 행보였다. 해외 포교당인 만주 용정의 대각교당에서는 농장에서의 독립운동을 꾸준하게 추진하였다. 이렇듯 백용성은 수행실천으로서 참선을 중심으로 가르치고 이를 통해 포교 활동을 수행하였다.

제4장 대중을 위한 참선포교

백용성은 대중을 위한 참선을 포교할 장소와 방안을 적극적으로 모색하였다. 그리하여 경성에 조선임제종중앙포교당朝鮮臨濟宗中央布教堂, 선종임제파강구소禪宗臨濟派講究所, 대각사를 창건하였고 당시로서는 혁명적이었던 부인선회를 결성하였다.

조선임제종중앙포교당은 한국불교를 일본불교에 매종했다는 조동종 맹약에 반발해서 출발한 임제종 운동의 본부이다. 임제종 운동은 근대 불교사에서 중요한 계기를 마련한 것으로, 항일불교의 전형을 보여주는 임제종 운동의 최일선에 백용성이 있었다. 여기에서 그의 자주적인 불교정신을 발견할 수 있다. 선종임제파강구소는 이름 그대로 백용성이 선종 임제종을 강의하고 참선과 임제선풍을 일으킨 곳이다. 또한 대각사는 백용성의 사상과 독립운동 그리고 대중포교 활동의 중심지였다. 백용성은 대각사에서 일본불교의 침탈에 당당히 맞서 활동했다. 참선과 관련된 많은 저술과 역경사업을 통해 백용성이 불교의 지성화를 추진한 사찰이었다. 요컨대 대각사는 불교 근대화의 전진기지로서 재가자를 위해 선회를 개설하는 등 한국 대중불교의 활성화를 이루어낸 사찰이기도 하였다.

제1절 도회지 참선포교

백용성은 한국 근대사에서 몇 안 되는 깨달은 선지식 중에서 유일하게 도회지에서 대중포교를 전개했던 선사이다.[230] 백용성은 근대 한국불교에서 '참선'이라는 용어를 최초로 경성에 널리 알리고 읽기 쉬운 불교경전을 간행하는 등 도회지에서의 포교 활동을 적극적으로 펼쳐 나갔다. 14세에 출가한 백용성은 4차에 걸친 오도悟道를 체험한 후 전국 명산대찰을 찾아다니며 경전·어록을 공부하고 안거수행과 보림 정진을 하였다. 그리고 서울로 상경하기 직전에는 지리산 칠불선원의 종주로 있었는데 그곳에서 백용성은 『귀원정종』[231]을 저술하게 된다.

---

230 釋大隱, 「故白龍城大禪師의 追慕」, 『佛敎時報』 59, 1940. 6, 김태흡의 이 글에서 그 당시 존경받은 선사들을 알 수 있다. 여기에서도 백용성은 도심에서 대중들을 포교한 유일한 선사였음을 알 수 있다. "조선불교 禪學界에서 善知識으로 일체의 추앙을 밧는 이가 만이 기시지마는 최근에 와서는 宋滿空, 方漢岩, 申慧月, 白龍城 네분이 사천왕과 가튼 존재를 가지고 기섯는데 맷해 전에 신혜월 스님이 열반하셔서 선학계에 적막한 소식을 전하드니 또 금년 사월일일에 백용성 스님이 도라 가섯다. 그런데 백용성 스님 가치 세상에 기실 때에 고란이 만코 구설이 만은 분도 업지마는 또 백용성 스님과 가치 사후라도 업적을 마니 남겨노코 가신 분도 업다."

231 백용성이 지리산 칠불암 칠불선원의 宗主로 있을 때 선원 대중이 타종교인들이 불교를 비방하는 것을 우려해 불교의 우수성과 특징에 대해서 서술해 줄 것을 요청했다. 상·하 2권이며 1913년 6월 중앙포교당에서 펴냈다.

『귀원정종』의 상권은 서양 종교와 유교의 불교 비판에 대한 반박이며, 하권은 불교 기본 교리를 설명하고 있다. 『귀원정종』 하권에는 선종의 핵심, 간화법의 핵심, 간화의 절요를 인용하며 참선하는 방법과 간화선에 대한 핵심도 설명하고 있다.

이것을 미루어 보건대 백용성은 상경 이전, 『귀원정종』을 통해 포교의 대상을 승려뿐만 아니라 일반 신도들도 포함시켰음을 알 수 있다.[232] 승려들에게는 불교 기본 교리를 설명할 필요가 없기 때문이다. 그러므로 이 책의 저술을 통해서도 도심으로 나와 참선을 중심으로 대중포교를 하기 위한 준비를 하고 있었음을 추론할 수 있다. 그리고 드디어 백용성은 1911년 당시 수도인 경성으로 올라와 본격적인 도심에서의 불교포교를 시작한다. 더욱 자세히 말하면 참선포교 활동을 시작하였다. 그 당시 도시 수도에서의 포교 활동은 불교를 중흥시키기 위한 하나의 필요 과정이었다고 볼 수 있다.

그 당시 일본으로부터 나라를 빼앗기고 참선을 공부하는 선승도 참으로 귀했다. 그러나 산사山寺에서는 나라를 잃은 백성들의 고초를 함께하기에는 한계가 있었다. 백용성은 이제는 도시에서 백성들의 아픔을 달래고 백성들이 부처님의 말씀을 들으며 실제로 참구하며 수행하게 하는 것이 진정한 하화중생下化衆生이라 생각했다. 백용성 자신은 '청정한 산사에서는 도인을 양성하고 각 도시 안에는 선종의 포교당을 설치하여 많은 대중들에게 이익을 줄 것이다'라고 하였다.[233]

---

232 김광식, 『용성』, 민족사, 1999, p.82.

233 「만일참선결사회 창립기」, 『백용성 대종사 총서』 1, 대한불교조계종 대각회, 2016, p.351.

백용성이 살았던 시대는 오랜 기간 조선의 숭유억불 정책으로 다른 종교들의 교세와는 비교가 될 수 없을 정도로 불교의 대중포교 활동은 열악한 상황이었다. 단적인 예로 도성 안에는 사찰이라고는 각황사覺皇寺 하나밖에 없었다. 백용성은 당시의 이러한 상황을 그의 저서 『용성선사어록』에서뿐만 아니라[234] 『조선글 화엄경』의 「저술과 번역에 대한 연기」에서 다음과 같이 밝히고 있다.

> 이듬해 신해년(1911) 2월 그믐에 경성에 들어와서 시대사조를 관찰해 보니, 다른 종교에서는 곳곳마다 교당을 설립하고 종소리가 쟁쟁하며 교중敎衆이 교당에 가득한 것을 보았다. 그런데 우리 불교에서는 각황사 하나만이 있을 뿐이고, 더욱이 우리 선종에서는 한 명도 선전하는 것을 볼 수가 없는 것이 한탄스러워 즉시 임제 선사가 삼구로 교화한 것을 본받아서 종지를 거량하였을 따름이었다.[235]

「저술과 번역에 대한 연기」에서 '임제 선사가 삼구로 교화한 것을 본받아서'라고 말했듯이 백용성은 1911년 서울 대사동의 한 신도인 강姜씨 집에서 대중을 대상으로 선회를 개설했다. 그러자 석 달이 채 안 되어 수백 명의 신도들이 모여들었다. 그래서 백용성은 다시 시랑侍郎 강영균康永匀의 집으로 옮겨가 수십 명의 청신사들과 화두참

234 위의 책, pp.350~351.

235 백용성, 「저술과 번역에 대한 연기」, 『백용성 대종사 총서』 6, 대한불교조계종 대각회, 2016, p.449.

선의 법규法規를 세우며 선종의 교의를 널리 펼쳤다.[236] 이렇듯 백용성은 본격적으로 일반인들을 대상으로 한 참선포교 활동에 나선다.

백용성이 도심으로 나온 이유는 다음과 같이 정리해 볼 수 있다. 첫째, 불교를 비방하는 세력에 맞서 불교를 제대로 알리기 위해서였다. 둘째, 일본불교에 맞서 한국 전통불교인 간화선, 즉 화두 참선을 도심 대중들에게 널리 포교하기 위해서였다. 백용성은 참선이라는 용어를 서울에서 처음으로 사용하였다. 셋째, 승려들만을 대상으로 하는 것이 아닌 불교의 기본 교리를 일반 백성들에게 알리기 위한 불교 대중화를 위해서였다. 다시 정리하면 백용성은 '참선불교'를 구현하기 위한 선포교 활동을 하기에 용이한 도회지로 나온 것이라고 볼 수 있다. 도회지는 모든 제도와 문화의 중심지였고 사람들이 많아 포교하기가 쉬웠기 때문이었다.

제2절 조선임제종 중앙포교당

한국 불교계는 1902년에 국내 사찰 현행세칙을 공포하고, 1908년에는 원종圓宗이라는 종단을 성립시켰다. 이때 종정으로 이회광李晦光(해인사)이 선출되었다. 그리고 인재를 양성하기 위해서 명진학교明進學校를 설립하였다.[237] 종정 이회광은 일본 조동종曹洞宗 승려 다케다 한시(武田範之)를 원종 고문으로 추대하였다. 다케다 한시는 1895년 을미사

---

236 앞의 책, pp.350~351.

237 김순석, 『일제시대 조선총독부의 불교정책과 불교계의 대응』, 景仁文化社, 2003, p.35.

변乙未事變에 가담하여 구금되어 일본으로 송치되어 히로시마 감옥에 투옥되었다가 무죄로 방면되기도 하였다.[238] 이런 인물을 원종의 고문으로 추대했으니 반일 감정과 더불어 사람들은 자연스럽게 원종에 대한 거부감을 가지게 되었다.

원종과 일본의 조동종은 1910년 '연합맹약 7개 조항'을 맺는다. 이것이 그 유명한 「연합맹약」이다. 이 연합 7개 조항의 주요 내용에 의하면 조동종은 원종이 조선총독부로부터 설립 인가를 받는 데 도움을 준다고 했다. 그러나 원종의 모든 운영 및 활동에 조동종이 영향력을 행사할 수 있는 계기가 되었다. 7개조의 내용에 따르면 원종은 조동종에 원종 측의 의견을 제기할 수 있는 통로가 아무 데도 없었다.[239] 원종과 조동종이 맺은 7개조는 모양만 연합이었지 원종을 조동종에 복속시키는 것이었다. 결국 이 「연합맹약」은 매종賣宗 책동에 지나지 않았고, 1910년 12월쯤에 우연히 통도사에 전해져 불교계에 알려지게 되었다. 당시 뜻있는 승려들은 조선불교의 전통은 임제종인데, 조동종과의 맹약은 종조를 팔고 조상을 바꾸는 '매종역조買宗易祖'라고 규정하며 공세를 강화했다.[240] 또한 이 소식을 전해들은 한용운韓龍雲, 박한영朴漢永, 진진응陳震應은 이러한 매종 행위를 막으려고 하였다. 그래서 경상도와 전라도의 사찰에 통문通文을 돌렸다. 이들은 1911년 1월에 송광사松廣寺에서 승려대회를 열어 임제종을 탄생시켰다.[241]

---

238 위의 책, p.35.

239 김순석, 『일제시대 조선총독부의 불교정책과 불교계의 대응』, 景仁文化社, 2003, p.37.

240 한동민, 『백용성』, 역사공간, 2018, p.53.

원종은 개항기 근대 최초의 불교종단이었다. 그러나 종정 이회광은 일본이 우리의 불교계를 장악하고 민족을 말살하려는 의도는 모른 채 조일불교 연합이라는 술책에 빠졌다. 이에 격분하여 남쪽에서는 임제종이 성립된 것이다. 이로 인해 불교계는 남쪽의 임제종과 북쪽의 원종으로 양분되었다. 이러한 상황 속에서 범어사와 통도사 등이 힘을 보태어 임제종 중앙포교당은 마침내 1912년 5월 26일, 경성부京城府 중부中部 사동寺洞 28통統 6호戶에 조선임제종 중앙포교당을 설립하였다. 개교식에 대한 내용은 당시의 『매일신보』에 자세히 기사화되었다.[242]

> 임의 개진한 바와 같이 제작일 오후 삼시부터 중부 사동에 있는 조선임제종 중앙포교당에서 성대한 개교식을 실행하였다. 한용운韓龍雲화상의 취지 설명 백용성白龍城화상의 교리 설명 신사 정운복鄭雲復, 이능화李能和 양씨兩氏의 연설 호동학교생도 일동의 창가 음악대의 주악 등이 있었고 당일에 입교한 남녀가 팔백명에 달하였으며, 구경꾼이 일천삼백명이 되야 공전절후空前絶後의 성황을 일우엿다더라.[243]

---

241 『東亞日報』 1920. 6. 28, 「佛教改宗問題(五)」 '先何心後何心', 1910년 10월 15일(음력) 광주 證心寺에서 승려대회를 열기로 했으나 무산되었다.

242 白龍城著, 『귀원정종』 卷上(1913년 6월 10일 간행)에 中央布教所의 주소가 中部寺洞 28統 6戶로 나온다. 白龍城이 지은 『佛門入教問答』(1913년 10월 27일 간행)의 판권에도 朝鮮禪宗 中央布教堂의 주소가 京城中部寺洞 28統 6戶로 나온다.

243 『朝鮮佛教月報』 5호 「雜報」, 「開教式場」. 『매일신보』 1912. 5. 26, 「中央布教堂開教式」.

위의 기사에 나오듯 임제종 중앙포교당은 많은 인파 속에서 성황리에 개원하였다. 한편 임제종 운동이 남쪽 지방을 중심으로 일어나고 있을 때 백용성은 지리산 칠불암에 있었으니 그는 분명히 운동이 일어나고 있는 내용을 알고 있었을 것이다. 사실 백용성은 1911년 상경하기 직전까지 1886년 네 번째 깨달음을 체험한 후 전국을 다니며 참선을 하고 화두 법문을 하고 선회를 개설하는 등 그야말로 수좌로서 참선을 중심으로 수행해 나갔다. 1910년 지리산 칠불암에서 『귀원정종』을 저술하였는데 이 책은 교리적으로 한국불교와 타종교를 비교하여 논술한 저술이다. 비교를 통해서 한국불교의 우수함을 알릴 수 있었고 바로 우리 문화의 우수성과 우리 민족의 자존심도 세울 수 있었다. 백용성은 이 『귀원정종』을 저술하고 바로 상경하는 결단을 내렸다.

이런 이유로 백용성이 1911년 상경했을 때 타종교에 대항하여 불교를 포교하기 위한 다양한 활동을 충분히 고려할 수 있었다. 특히 한국의 선禪을 포교하기 위해서 상경을 했다고 보아도 충분할 것이다. 사실 그는 상경 후 임제종 중앙포교당의 개교사장開教師長으로 활동하기 전에 포교 활동을 하였다. 즉 그의 신도 강姜씨 집과 강영균康永均 집에서 도회지 참선포교 활동을 하고 있었다. 그러므로 백용성이 임제종 중앙포교당의 개교사장으로 활동하며 참선포교 활동을 적극적으로 하였을 것을 강하게 확신할 수 있다.

남당南黨의 본부인 임제종 사무소가 '조선임제종 중앙포교당'이라는 이름으로 서울 사동(인사동)으로 옮겨 왔다. 이 무렵 범어사 주지로 재임 중이던 오성월 스님이 추일담을 시켜 서울 사동에 사십팔간四十八間짜리 가옥家屋 일동一棟을 이천이백원에 매입하고 오월五月 이십육일二十六日에 '조선임제종 중앙포교원'이라는 간판을 걸고 개원식을 거행했다 이 개원식에서 회장인 한용운韓龍雲 선사는 임제종의 취지를 설명하고 백용성白龍城은 설법을 했으며 이능화 거사와 정운복 씨는 축사를 읽었다.[244]

조선임제종 중앙포교당 개원식에서 한용운은 임제종의 취지를 설명하고 백용성은 설법을 하였다. 깨달은 선사로서 그 당시 지리산 등지에서 선풍을 크게 떨치고 있었던 백용성은 포교당의 개교사장이 되었다. 선종의 전통은 '이심전심以心傳心'을 강조한다. 그래서 임제선臨濟禪도 당연히 마음을 깨우치는 것에 집중되어 있다. 임제선을 잇고 화두타파로 이어지는 대혜의 간화선이다. 화두 참선 수행으로 화두를 타파한 백용성은 이 임제종 중앙포교당에서 포교를 담당한 개교사장으로서 당연히 선포교 활동을 활발하게 했다고 볼 수 있을 것이다.

백용성의 『용성선사어록』 「만일참선결사회창립기」에는 다음과 같이 기록되어 있다.

> 次壬子春에 通梵兩寺와 智異山各寺와 聯合하야 新設禪宗教堂於大寺洞하고 以開教師長으로 被任하다. 布教三年에 信者三千餘名이라. 自此로 京城에 始有參禪名이라.[245]

---

244 민도광, 『韓國佛教僧團淨化史』, 정화사편찬위원회, 1996, pp.15~16.

245 「만일참선결사회會創立記」, 『백용성 대종사 총서』 1, 대한불교조계종 대각회,

백용성은 개교사장으로서 서울에 참선이라는 단어를 처음으로 소개했다는 것을 알 수 있다. 그리고 적극적으로 선포교 활동을 하여 3년 만에 그 신도 수가 무려 3,000명이나 되었음을 알 수 있게 해준다.

그러나 임제종 중앙포교당의 존재는 오래가지 못했다. 1912년 6월 30일 본산 주지회의를 통해 대한제국기에 성립된 '원종'은 '조선불교선교양종 각본산 주지회의원'으로 명칭을 바꾸었다. 그리고 일제는 임제종을 강하게 탄압했다. 그래서 1912년 6월 임제종 중앙포교당은 '조선선종중앙포교당朝鮮禪宗中央布教堂'으로 그 명칭을 전환하게 된다. 그 직후 백용성은 1913년 금강반야회를 개설했으며 『귀원정종』과 『불교입교문답』을 간행했다. 중앙포교당에서 4년여 동안 포교 활동에 진력하여 포교당은 양과 질적인 면에서 큰 성장을 이룩했다.[246]

서울에서 백용성의 포교 활동은 한국불교계의 신도뿐만 아니라 고위관료와 일본인도 인정하게 되었다. 즉 일본의 조선 식민통치가 당연하다는 우월의식을 갖고 있던 일본인 식민주의자들도 '선사', '포교사장', '대설법가'라고 호칭하며 백용성의 활동을 찬양하게 하는 저력을 보여주었다.[247]

다시 한 번 정리하면, 원종과 일본의 조동종과 맺은 「연합맹약」은 매종賣宗 책동에 지나지 않았고 이러한 매종 행위를 막기 위해서 한용운 등은 1911년 1월에 송광사에서 승려대회를 열어 임제종을 탄생시켰다. 이러한 상황 속에서 마침내 조선임제종 중앙포교당을 개교했는데

2016, p.351.

246 한동민, 『백용성』, 역사공간, 2018, p.66.

247 위의 책, p.67.

백용성은 개교사장으로 활동하며 선포교 활동을 적극적으로 했다. 이때 '참선'이라는 용어를 백용성이 서울에서 처음으로 했다는 사실을 강조하고 싶다. 백용성은 화두를 타파하여 마음을 깨친 그 당시 몇 안 되는 선사였다. 백용성이 임제종이라는 이름을 걸고 경성에서 참선포교 활동을 했다는 것은 불교포교에 중요한 의미를 가진다. 왜냐하면 임제선법은 한국선의 전통을 잇는 것이고, 그것은 곧 왜색불교에 대항하며 한국의 전통선을 지키고 우리 민족의 정신을 지킨다는 것을 의미하기 때문이다.

제3절 임제파강구소臨濟派講究所

일본은 1910년 조선을 강제적으로 강탈하고 사찰령으로 조선불교계를 장악했다. 일제의 사찰령 하에 임제종 중앙포교당은 그 이름을 '선교양종禪敎兩宗'이라는 기형적인 종명을 받아들 수밖에 없었다. 여기에서 흥미로운 것은 백용성이 『용성선사어록』에서 이 명칭의 불합리에 대한 소신을 다음과 같이 서술한 것이 나온다.

> 近世無識衲子가失其自家精神하고妄謂禪敎兩宗이라하니與兩頭人으로一般也로다.何者오?臨濟兒孫曰臨濟宗이요曹洞兒孫曰曹洞宗이요雲門兒孫曰雲門宗이요潙仰兒孫曰潙仰宗이요法眼兒孫曰法眼宗이니自古禪宗碩德이豈不是精通三藏이리요만은各隨門庭하야以立宗旨也니라.[248]

즉 '선교양종'이라 함은 머리가 둘 달린 사람과 같다는 지적이다. 이유는 예를 들어 임제종의 자손들은 임제종이고 조동종의 자손들은 조동종이라는 것이다. 경·율·론 삼장에 능통하신 석덕碩德들께서 각각 분파를 따라서 종지를 세운 것이라는 것이다. 근본은 선이기 때문에 다만 선종이라고 해야만 한다는 것이다.[249]

이러한 일제의 사찰령 체제하의 압박에서 임제종 포교당이 개원한 지 1개월 만인 1912년 6월 21일에 기존의 임제종 중앙포교당에서 '임제종'이라는 이름을 내리고 '선종포교당禪宗布敎堂'(조선선종중앙포교당)으로 명칭을 변경하게 된다. 그럼에도 불구하고 백용성과 한용운은 선종포교당에 주석하며 포교 활동을 지속하였다. 그러나 1915년 이후에 백용성은 서울 종로의 장사동에 선종임제파강구소禪宗臨濟派講究所를 열고 독자적으로 포교 및 연구 활동을 계속하였다.[250] 이러한 그의 모든 포교 활동은 궁극적인 선리는 마음을 깨우치는 것에 집중되어 있다는 임제선[251]의 바탕에서 이루어졌다. 백용성은 『매일신보』에 「오종吾宗은 임제선종臨濟禪宗」이라는 글에서 조선불교는 임제종을 잇는 선불교임을 확실히 강조했다.

迦由沙門 백용성白龍城

---

248 「용성선사어록」, 앞의 책, p.346.

249 위의 책, p.348.

250 「禪宗臨濟派講究所」, 『매일신보』 1915. 5. 14.

251 김명호, 「임제종의 선풍禪風 고찰」, 『불교학보』 74, 동국대 불교문화연구원, 2016, p.117.

原夫清平이如堯天舜風ᄒᆞ야海晏河清이라空山에水流花開ᄒᆞ고家々에純樂無爲러니最初佛威音王이首唱道化ᄒᆞ시니可謂太平世界에起干戈也ㅣ로다咄不塗紅紛也風流이니라自威音王佛出世以後로滔々敎海가如雲起長空ᄒᆞ고重々禪林이如清風明月ᄒᆞ야傳受無傳受之名과佛法世法之名이燦然興於世ᄒᆞ시니可謂亂世之奸雄이며治世之良將이로다會麽아搽脂着紛也無妨이니라從此로佛々이授々ᄒᆞ며祖々相傳라及於釋迦佛ᄒᆞ야以正法眼藏涅般妙나니라第三句ᄂᆞᆫ括盡一藏敬海ᄒᆞ야說佛說法說凡說聖說理說事等無邊法門ᄒᆞ나니得之於心者ᄂᆞᆫ出生死苦海어니와擬之於心議之於口者ᄂᆞᆫ自已生死苦海도未濟온況乎他人乎아此三句ᄂᆞᆫ臨濟宗之綱領이니一切法門이不出乎此臨濟三句이니是臨濟宗風之由也이라此宗旨를代々相傳ᄒᆞ사至臨濟下十八代石屋禪師ᄒᆞ야高麗國太古禪師가入支那明用霞霧山ᄒᆞ사親見石屋清珙禪師ᄒᆞ사得臨濟宗旨ᄒᆞ시니是海東臨濟宗初也니라此臨濟宗旨ᄅᆞᆯ傳之幻庵ᄒᆞ고庵이傳之龜谷而至于淸虛休靜禪師ᄒᆞ야臨濟宗風이大振이라出四派ᄒᆞ니曰逍遙曰鞭羊曰無染曰松雲ㅣ라至今釋迦下七十五代오臨濟下三十八代也ㅣ라禪有二種ᄒᆞ니一日敎外別傳이니釋迦所傳三處傳心臨濟正法眼藏是오二日觀禪이니敎中所謂靜幻寂三觀과空假三觀等이是이니라臨濟ᄂᆞᆫ得諸佛之骨髓ᄒᆞ사盡底無遺也ㅣ니余ᄂᆞᆫ謂朝鮮法脉相傳이唯臨濟而已라ᄒᆞ노라.[252]

백용성은 조선총독부에 제출한 한국불교 종파에 대한 답변에서도

252 「吾宗은 臨濟禪宗」, 『매일신보』 1915. 7. 7, p.1.

우리의 전통불교는 선종, 그중에서도 임제선풍임을 분명하게 밝혔다.[253] 백용성은 임제파강구소에서 참선의 대중화 및 임제선풍을 강연하였다.[254] 백용성의 강의 내용은 『매일신보』가 보도했다. 그리고 그의 강연 일정도 보도되었다.[255]

백용성이 활동했던 시기는 우리의 전통선인 임제선의 법맥의식이 강하게 작용하고 있었던 시기였다. 이러한 때 백용성은 임제파강구소에서 왜색불교에 대항하며 『임제록』 등을 강의하며 '참선불교'를 구현해 나갔다. 여기서 백용성이 임제파강구소에서 강의했던 『임제록』 내용을 살펴볼까 한다.[256] 백용성은 『임제록』을 강의하면서 때때로 일갈一喝을 하였고, 기도를 상당법문을 하듯이 했다. 여기에서도 백용성은 화두의 중요성을 재차 강조했다.

①황벽黃蘗 대사의 60통방(黃蘗六十痛棒)

황벽의 60통방은 임제 선사가 그의 스승 황벽의 회상에 있을 때의 일이었다. 황벽의 회상에는 목주 수좌도 있었는데 그의 눈에는 삼년째 지극히 열심히 수행하고 있는 임제가 매우 남달라 보였다. 그래서 그에게 황벽 선사께 가서 '불법의 적적대의가 무엇입니까'라고 물어볼 것을 제안했다. 임제는 황벽 선사 밑에서 수행하는 동안 한

---

253 「용성선사어록」, 앞의 책, pp.349~350.

254 김광식, 「불교 근대화의 노선과 용성의 대각교」, 『大覺思想』 10, 대각사상연구원, 2007, p.445.

255 한동민, 앞의 책, p.70.

256 여기의 강의 내용은 『용성선사어록』에 기록되어 있는 것을 참조하였다.

번도 회상께 참문한 적이 없었다. 임제는 선사를 찾아가서 물었는데 질문이 떨어지기도 전에 황벽이 바로 때렸다. 이 이야기를 목주 수좌에게 말하자 목주 수좌는 다시 찾아가서 물어보라고 했다. 임제는 다시 찾아가서 물었고 황벽이 다시 때렸다. 임제는 세 번이나 찾아가서 물었는데 세 번 다 맞았다. 이에 임제는 자신이 황벽의 깊은 종지를 깨닫지 못했다고 생각하고 떠날 것을 결심했다. 목주 수좌는 황벽 선사께 하직인사를 하고 떠나라고 말했다.[257] 이에 대해 『용성선사어록』에는 다음과 같이 기록되어 있다.

> 용성 선사께서 강단에 오르셔서 옛날에 임제 조사께서 불법의 밝게 빛나는 대의를 물으셨다가 황벽 대사에게 세 번이나 60방망이를 맞으셨는데, 대중들은 어떻게 이 봉棒을 이해하고 있는가라고 물으신다. 또 대중 가운데 알아차린 자가 있으면 어서 빨리 나와 말해보라 하신다. 백용성 선사께서는 임제 조사께서는 그 도가 평범한 유파를 벗어나서 많은 성인이 가풍 아래에 나란히 서 있는데, 어떻게 범부와 소인이 식정의 사량으로 헤아릴 수 있겠는가라고 말씀하신다. 주장자를 두 번 내리치시고는 일갈一喝을 하시고

---

257 『鎭州臨濟慧照禪師語錄(T47, 504b28), "師初在黃蘗會下行業純一 首座乃歎曰 雖是後生 與衆有異遂問 上座在此多少時 師云三年 首座云 曾參問也無 師云 不曾參問 不知問箇什麼 首座云 如何不去問堂頭和尙如何是佛法的的大意 師便去問 聲未絕 黃蘗便打 師下來 首座云 問話作麼生 師云 某甲問聲未絕 和尙便打 某甲不會 首座云 但更去問 師又去問 黃蘗又打 如是三度發問 三度被打師來白首座云 幸蒙慈悲 令某甲問訊和尙 三度發問 三度被打 自恨障緣不領深旨 今且辭去 首座云 汝若去時須辭和尙去師禮拜退." 내용 요약.

말씀하셨다. "반드시 이 일갈一喝을 알아야만 된다. 설령 알았다 하더라도 이것은 교화의 문을 건립하여 중생을 인도하는 일일 뿐이다. 시대가 청아하니 태평가도 부르지 말라." 바로 법좌에서 내려오셨다.[258]

목주 수좌가 황벽 선사께 참문하였냐고 물었을 때 임제 선사는 무엇을 물어야 되는지도 모른다고 했다는데 정말 물어야 할 것을 몰라서 참문을 안 했느냐는 것이다. 마음공부에 전념하면서 일념·무념이 되면서 그야말로 모든 것을 놓아버린 상태는 아니었을까? 모든 생각과 번뇌망상을 '덜어내고 덜어내는 일' 그리고 모든 생각과 번뇌망상을 몰록 놓아버린 상태는 아니었을까? 그래서 그런 상태가 '모른다'는 말로 대변해서 나온 것은 아니었을까! 그런 모르는 상태가 순일하게 지속되면서, 그리고 황벽 선사께 60방을 맞고 더욱더 간절하고 순일하게 지속되면서 결국 대우의 한마디에 큰 깨침을 얻을 수 있었을 것이라는 상상을 해본다.

② 임제부보청화臨濟赴普請話

임제 선사가 보청으로 땅을 파고 있었다. 황벽이 오는 것을 보고 괭이에 기대어 서 있었다. 황벽이 임제 선사께 고단하냐고 물었다. 임제는 괭이도 들지 않았는데 뭐가 고단하겠냐고 말하자 황벽이 임제를 때렸다. 임제도 황벽 선사의 주장자를 빼앗고 넘어뜨렸다. 황벽은

---

258 「용성선사어록」, 앞의 책, pp.192~194.

소리를 지르며 유나에게 자신을 부축해 일으키라고 말했다. 유나가 황벽을 부축해 일으키며 왜 화상은 임제의 저 무례함을 용인하냐고 물었다. 그러자 황벽은 유나를 때려주었다. 임제가 괭이로 땅을 파며 제방에서는 화장을 하지만, 나는 여기에 일시에 산 채로 묻어버린다고 말했다.[259] 이에 대해 『용성선사어록』에는 다음과 같이 기록되어 있다.

> 황벽 선사와 임제 선사와의 임제부보청 관련 법담에서 대홍이 밀어 넘어뜨리거나 산 채로 묻어버리는 것은 제방의 본보기지만, 정안正眼으로 보면 아직 한순간에 묻혀버리는 것을 면하지 못하였다고 말했다. 그러자 백용성 선사는 어떤 것이 정안인지 일러보라고 할을 내지르신다. 그리고 부득이 강연하는 자리에 나와 한 말들에 대한 미흡한 부분들에 대한 용서를 구하신다. 주장자를 내려치시고 말씀하시고 곧바로 법좌에서 내려오셨다.[260]

황벽 선사와 임제 선사는 스승과 제자 사이이다. 깨달은 스승과 깨달은 제자 사이에 이루어진 활발한 법담이 정말 부럽지 않을 수 없다. 깨닫지 못한 우리들 눈에 어찌 제자가 스승을 쳐 넘어뜨릴 수가 있느냐 말이다. 불가능한 일이 선禪의 세계 특히 마음을 깨달은

---

259 『鎭州臨濟慧照禪師語錄』(T47, 0505a16), "師普請鋤地次 見黃蘗來, 拄钁而立 黃蘗云 這漢困那 師云 钁也未擧 困箇什麼 黃蘗便打 師接住棒 一送送倒 黃蘗喚維那 維那 扶起我 維那近前扶 云 和尙爭容得這風顚漢無禮 黃蘗纔起便打維那 師钁地 云 諸方火葬 我這裏一時活埋." 내용 요약.

260 「용성선사어록」, 앞의 책, pp.194~197.

사람들 사이에서는 가능하니 이것이 신통한 것이 아닐까? 모든 언어와 행동이 어떤 것에도 구애받지 않고 자유롭게 이루어지는 것 같아 또한 부럽다. 이것이야말로 내 마음, 그대의 마음 구별 없이 마음과 마음이 하나 되어 오가는 이심전심이 아닌가? 여기서 황벽 선사께서 오히려 유나를 친 장면은 안타깝지만 약간의 웃음마저 나오게 한다.

③ 황벽임제문답곽두화黃蘗臨濟問答钁頭話

황벽과 임제가 보청을 하러 가는데 황벽이 임제가 괭이가 없이 빈손으로 가는 것을 보고 괭이는 어디 있느냐고 물었다. 임제가 어떤 사람이 가져가 버렸다고 하자 황벽은 임제에게 그것에 대하여 상량해 보자고 말했다. 그리고 황벽은 괭이를 쳐들고 오직 이것만은 천하인도 집어 들지 못한다고 말했다. 그러자 임제는 괭이를 빼앗아 치켜들며 "그럼 어떻게 괭이가 제 손안에 있는 것입니까?"라고 말했다. 황벽은 오늘은 큰일 할 사람이 있다고 말하며 곧장 선원으로 돌아갔다.[261] 이에 대해 『용성선사어록』에는 다음과 같이 기록되어 있다.

> 백용성 선사께서 강당에 오르셔서 주장자를 일으켜 세우며 황벽 선사와 임제 선사와의 괭이에 관한 강화를 말씀해 주셨다. 이어 백용성 선사는 황벽 대사의 말씀인 '나의 종풍이 그대에 이르러

---

261 『鎭州臨濟慧照禪師語錄』(T47, 505b12), "一日普請次 師在後行 黃蘗回頭見師空手 乃問 钁頭在什麽處 師云 有一人將去了也 黃蘗云 近前來 共汝商量箇事 師便近前 黃蘗竪起钁頭 云 秖這箇 天下人拈掇不起 師就手掣得竪起 云 爲什麽却在某甲手裏 黃蘗云 今日大有人普請 便歸院." 내용 요약.

> 크게 흥기하겠구나!'를 소개하고 진주鎭州에서는 큰 무가 생산된다고 말씀하시고 곧바로 법좌에서 내려오셨다.[262]

황벽은 괭이를 쳐들고 임제는 괭이를 빼앗고 이것이 정말 뺏고 빼앗은 일이었을까? 우리의 알음알이가 이것을 헤아려서는 안 될 것이다. 그저 마음을 깨치는 일에 전력을 다할 뿐이다. 부처님의 연기공성을 보여줄 뿐이다. 황벽 선사께서 괭이를 치켜들 때 얘기는 벌써 끝난 것이다.

④ 빈주력연화賓主歷然話

임제 선사가 제창한 사빈주에는 첫째로 주인이 주인의 근기를 간파하는 주간주主看主, 둘째로 손님이 주인의 근기를 간파하는 객관주客看主, 셋째로 주인이 손님의 근기를 간파하는 주간객主看客, 그리고 넷째로 손님이 손님의 근기를 간파하는 객간객客看客이 있다. 여기서 주인은 스승을 가리키고 손님은 제자를 가리킨다.[263] 이에 대해 『용성선사어록』에는 다음과 같이 기록되어 있다.

---

262 「용성선사어록」, 앞의 책, pp.198-199.

263 『鎭州臨濟慧照禪師語錄』(T47, 501a5), "如有眞正學人便喝 先拈出一箇膠盆子 善知識不辨是境 便上他境上作模作樣 學人便喝 前人不肯放 此是膏肓之病不堪醫 喚作客看主 或是善知識不拈出物 隨學人問處卽奪 學人被奪抵死不放 此是主看客 或有學人應一箇淸淨境出善知識前 善知識辨得是境 把得抛向坑裏. 學人言 大好善知識 卽云 咄哉 不識好惡 學人便禮拜 此喚作主看主 或有學人披枷帶鎖出善知識前 善知識更與安一重枷鎖 學人歡喜 彼此不辨 呼爲客看客." 내용 요약.

백용성 선사께서 상당하시어 임제 조사 회상에 있었던 보화普化와 극부克符 두 상좌上座의 일갈一喝에 대해 말씀을 하셨다. 그리고 "두 상좌가 일갈을 지른 것이 서로 손님과 주인이 되는 것이 없지는 않지만, 무엇을 빈객으로 주인으로 불러야 하는가?" 고성으로 할을 한 번 하시고 말씀하셨다. "알겠는가? 나의 이 일갈이 죽일 수도 있고 살릴 수도 있으며, 방임할 수도 있고 구속할 수도 있으며, 아울러 천하 사람들을 깨우칠 수도 있고 천하 사람들을 미혹시킬 수도 있으며, 깨달음 가운데 미혹이 있게도 하고 미혹 가운데 깨달음이 있게도 하며, 미혹과 깨달음을 쌍으로 놓아버리기도 하고 미혹과 깨달음을 쌍으로 거두어들이기도 한다. 지금 이 자리에서 좌복을 빼앗더라도 칼끝에 손을 다친 것이다. 쯧쯧. 시자야, 살펴보아라. 내 눈썹이 땅에 떨어져 버렸다." 곧바로 법좌에서 내려오셨다.[264]

백용성 선사께서 말씀하신 대로 평상시의 모든 움직임이 죽이기도 하고 살리기도 하는 지혜의 힘을 갖추었는데 우레와 같은 할喝을 할 필요가 있겠는가! 고운 분을 바르지 않아도 그대는 그대로 아름다울 뿐! 우리의 마음 작용에서 우리는 그대로 하나인데 무슨 치장이 필요할까! 깨닫지 못한 우리의 처지가 안타깝고 답답하다.

⑤ 임제무위진인화臨濟無位眞人話

(임제가) 상당하여, 육신에 한 무위진인이 있는데 항상 대중들 눈앞에

264 「용성선사어록」, 앞의 책, pp.200~201.

서 출입한다. 그런데 아직도 자각하지 못하는 사람이 있으니 잘 살펴보라고 말했다. 그때 어떤 승이 무위진인이란 무엇이냐고 물었다. 그러자 임제 선사는 법상에서 내려와 오히려 그의 멱살을 잡고 어서 말하라고 말했다. 그 승이 말하려고 하자 선사는 무위진인이 뭐라고 말한들 그것은 마른 똥막대기일 뿐이라고 말하고 바로 방장실로 돌아갔다.[265] 이에 대해 『용성선사어록』에는 다음과 같이 기록되어 있다.

"무위진인이 무엇인가? 마른 똥막대기라고 하지만, 만약 임제 조사의 거두어들이거나 놓아버리기도 하고 살리거나 죽이기도 하며 방임하거나 구속하기도 하시는 방편이 아니라면, 그 누가 천지를 삼키기도 하고 내뱉기도 하는 나그네를 믿겠는가. 그러나 이에 다가가서 깨닫더라도 임제의 뜻은 깨닫지 못할 것이다. 언제나 만나기가 어렵다는 생각을 일으키어 이 화두를 참구하여 깨달음으로 법도를 삼아야 한다." 이윽고 법좌에서 내려오셨다.[266]

백용성 선사께서는 분발하여 큰 용기를 내고 언제나 만나기가 어렵다는 생각으로 화두를 참구하고 깨달음으로 법도를 삼아야 한다고 당부하신다. 언제 임제 선사가 말씀하신 '무위진인'을 한 번이라도 온전히 만날 수 있을까? 그저 간절히 의정을 일으켜 화두를 참구할

---

265 『鎭州臨濟慧照禪師語錄』(T47, 0496c08), "上堂云 赤肉團上有一無位眞人 常從汝等諸人面門出入 未證據者看看 時有僧出問 如何是無位眞人 師下禪床把住云道道 其僧擬議 師托開 云無位眞人是什麽乾屎橛 便歸方丈." 내용 요약.

266 「용성선사어록」, 앞의 책, pp.201~204.

뿐이다.

⑥ 임제입문편할화臨濟入門便喝話

임제 선사가 어떤 승에게 어떤 때는 할喝이 금강왕의 보검 같고 어떤 때는 할이 웅크리고 있는 금빛 사자와 같고 어떤 때는 할이 고기를 찾는 장대 그림자 풀과 같고 어떤 때는 할이 어떤 작용도 하지 못한다고 말했다. 그리고 너는 어떻게 말하겠느냐고 물었는데, 승이 머뭇거리자 임제는 다시 할을 하였다.[267] 이에 대해 『용성선사어록』에는 다음과 같이 기록되어 있다.

> 선사께서 강단에 오르셔서 주장자를 집어 들고 임제 조사께서 문에 들어서면 바로 할을 하신 것에 관해 말씀하셨다. 그리고 이 일할은 죽일 수도 있고 살릴 수도 있으며, 방임할 수도 있고 구속할 수도 있으며, 어떤 때에는 천하 사람들을 깨우칠 수도 있고 어떤 때에는 천하 사람들을 미혹시킬 수도 있으며, 어떤 때에는 미혹과 깨달음을 쌍으로 거두어들이기도 하고 어떤 때에는 미혹과 깨달음을 쌍으로 놓아버리기도 하며, 어떤 때에는 천지를 꿰뚫고 고금을 꿰뚫으며 부처와 조사를 꿰뚫고 나아가 낱낱의 티끌 속에 국토마다 꿰뚫고 들어간다고 말씀하신다. 이윽고 법상을 한 번 치시고는 법좌에서 내려오셨다.[268]

---

267 『鎭州臨濟慧照禪師語錄』(T47, 0504a26), "師問僧 有時一喝如金剛王寶劍 有時一喝如踞地金毛師子 有時一喝如探竿影草 有時一喝不作一喝用 汝作麽生會 僧擬議 師便喝." 내용 요약.

다시 한 번 백용성 선사께서 말씀하신 대로 평상시의 모든 움직임이 죽이기도 하고 살리기도 하는 지혜의 작용을 갖추었는데 우레 같은 할喝을 할 필요가 있겠는가 생각해 본다. 고운 분을 바르지 않아도 그대는 그대로 아름다울 뿐! 우리의 마음 작용에서 우리는 그대로 하나인데 무슨 치장이 필요할까! 깨닫지 못한 우리의 처지가 안타깝고 답답하다.

⑦ 진주출대라복두화鎭州出大蘿蔔頭語

옛날에 한 승려가 조주 선사께 선사께서는 남전 선사를 친견하셨다고 하는데 그렇냐고 물었다. 그러자 조주 선사께서 "진주에는 큰 무가 난다네"라고 말씀하셨다.[269] 이에 대해 『용성선사어록』에는 다음과 같이 기록되어 있다.

> 갑인년(1914) 봄 2월에 상당하셔서 주장자를 세우시고는 말씀하셨다. 여러분들은 큰 무의 화두를 알겠는가? 만약 터득한다면 천하 사람들의 콧구멍을 모두 꿰뚫어버리겠지만, 혹시 아직 그렇지 못하다 하더라도 헤아리는 것을 사용해서는 안 되고 급히 참구를 해야 한다. 여실하게 참구하는데 화두를 들자마자 화살이 바위에 박히듯이 해야 한다.[270]

---

268 「용성선사어록」, 앞의 책, pp.204~206.

269 『大慧普覺禪師語錄』(T47, 0827c27), "上堂擧 僧問趙州 承聞 和尙親見南泉 是否 州云 鎭州出大蘿蔔." 내용 요약.

270 「용성선사어록」, 앞의 책, pp.207~209.

남전 선사를 뵌 적이 있는지를 묻는데 진주에는 큰 무가 난다는 이 화두는 그냥 우리 마음의 언어를 부여주신 것이니 무슨 말을 댈 필요가 있을까 한다. 그저 백용성 선사께서 말씀하신 대로 화살이 바위에 박히듯이 참구할 뿐! 무심의 언어·마음의 언어인 화두! 진주에 큰 무가 나든 큰 전나무가 있든 그것이 문제가 아니라 이 화두에 보여준 그 깊은 뜻에 있는 것일 것이다. 그 깊은 뜻을 마음의 눈이 열리지 못해 볼 수 없으니 그것이 문제인 것이다. 다시 한번 화살이 바위에 박히듯이 화두참구에 인생을 걸어볼 뿐이다.

⑧ 연진불소전화年盡不燒錢話

한 승려가 조사께서 서쪽에서 오신 뜻이 무엇입니까? 하고 물었다. 조주 선사는 한 해가 다 가도 돈을 사르지 않겠다고 대답하셨다.[271] 이에 대해 『용성선사어록』에는 다음과 같이 기록되어 있다.

> 백용성 선사는 말씀하셨다. "깨닫는다면 바로 이 자리에서 깨달아 취할 수 있지만, 만약 아직 깨닫지 못했다면 여실하게 참구하는데 화두를 들자마자 화살이 바위에 박히듯이 해야만 한다. 비록 그렇기는 하지만 산승이 눈썹을 애석해하지 않고 그대들을 위하여 말을 꺼내도록 하겠다."[272]

'한 해가 다 가도 돈을 사르지 않겠다.' 이 뜻을 헤아리자는 것이

---

271 『宏智禪師廣錄』(T48, 42a05), "如何是祖師西來意. 州云. 年盡不燒錢." 내용 요약.

272 「용성선사어록」, 앞의 책, pp.209~211.

아니라 우리의 모든 망령된 견해를 이 화두를 참구하며 쉬라는 것이겠지! 마음의 눈이 열리는 그 순간까지 화두만 참구할 뿐! 이것이 백용성 선사께서 우리 깨닫지 못한 중생들에게 원하시는 가르침일 것이다.

⑨ 조주趙州 선사와 달아나는 토끼에 관한 강화

조주 선사께서 유행하실 적에 마침 토끼가 달아났다. 이것을 본 승려가 선사께서는 선지식이신데 어찌 토끼가 달아나는 것인지를 물었다. 선사께서는 당신께서 일찍이 많은 살생을 했기 때문이라고 대답했다.[273] 이에 대해 『용성선사어록』에는 다음과 같이 기록되어 있다.

> 조주 선사와 달아나는 토끼에 관한 강화에서 백용성 선사는 모든 존재가 모두 공한 곳에서 본성이 저절로 신령스럽게 알아서 목석과는 같지 않다고 말씀하신다. 그리고 성인은 생멸이 없는 몸으로 세상 사이로 두루 들어가 중생을 널리 제도하여서 활기차게 언제나 설법하지만 일찍이 한 글자도 설한 적이 없다고 백용성 선사는 말씀하신다. 그렇다면 조주의 뜻은 어떠한가? 달은 한가위에 이르러 가득 차고 바람은 8월부터 서늘해지는 것이 조주의 뜻인가? 도연명은 팽택彭澤에 오직 버드나무만을 심고 반악潘岳은 하양河陽에 오직 꽃만을 가꾸었던 것이 조주의 뜻인가? 납승이 코를 비틀어 쥐는 것은 다만 천착일 뿐이고 평범한 실체를 상량하는 것은 조사의 종지에 누를 끼친다는 것이 조주의 뜻인가?라고 말씀하시며 법좌

---

273 『古尊宿語錄』 권14, 「趙州眞際禪師語錄」(X68, 88c9-10), "師与侍郞遊園見兎走過 侍郞問和尙是大善知識兎子見爲什麽走 師云老僧好殺." 내용 요약.

에서 내려오셨다.[274]

백용성 선사께서 공성 속에서 저절로 신령스럽게 알아서 목석과는 같지 않다고 말씀하신다. 화두참구하여 일체의 생각이 끊어졌다고 하여 아예 생각도 없고 느낌도 없고 그래서 목석같은 자리가 아니라는 것이다. 화두를 타파해서 생각을 초월하기에 그런 모든 생각에 끄달리지 않게 되는 것을 일러 주시는 것이다. 생각을 다스리는 것이 아니라 우리 근본인 마음을 다스릴 뿐! 한마음이 일어나지 않으면 허물될 일이 없는 것임을 우리의 수많은 조사들은 일러 주신다.

『용성선사어록』 9장 선종임제파강의장禪宗臨濟派講義章에 있는 용성 선사의 강의 내용을 서술하였다. 상당법문과도 같은 강의 내용은 사실 깨치지 못한 일반대중들이 이해하기에는 무리가 있어 보인다. 그리고 이렇게 깨친 선사가 우리들을 위해서 이런 강의를 해주셨다는 그 자체만으로도 큰 영광이라 생각하고 강의 자체를 책에 인용했다.

백용성은 그의 나이 47세에 해당하는 1911년 상경 이전까지 전국의 제방 선원에서 참선 수행을 했다. 출가 생활의 반 이상을 참선 수행을 했다고 할 수 있다. 『용성선사어록』에는 그런 그의 행적이 곳곳에서 나타난다. 또한 백용성은 모든 수행에서 참선이 최고의 수행임을 강조하고 있고 참선을 통한 깨침을 강조하고 있다. 백용성은 화두를 타파한 당대의 대선사였다. 필자는 백용성이 일제 강점기에 독립운동을 펼치며 일제의 심한 탄압 속에서도 수많은 참선포교 활동을 할

274 「용성선사어록」, 앞의 책, pp.211~213.

수 있었던 저력은 그의 화두 참선 수행력에서 나온다고 말하고 싶다. 백용성 선사께서도 『용성선사어록』에서 다양한 수행 중에서 최고의 수행법은 화두 참선이라고 말하고 있기 때문이다.

제4절 대각사大覺寺 창건[275]

백용성(1864~1940)은 19세기 말 일본이 한국을 강제 점령하고 있던 시기에 활동했던 불교의 참선 수행자이자 독립운동가이다. 백용성은 국권을 상실한 암울했던 시대에 한국 전통불교 참선의 중흥과 민족 독립을 위해 크게 노력했다. 당시 조선 사회는 동학 민란 및 유교의 쇠퇴로 혼란스럽고 어수선한 사회였다. 불교 또한 조선왕조 초기부터 숭유억불 정책으로 극심한 탄압을 받아 왔으며 그 결과 겨우 법통을 이으며 명맥만 유지하고 있었다.[276]

이러한 사회적 배경에서 출가한 백용성은 전국의 여러 사찰과 선원에서 수행한 후 1911년 서울로 상경하였다. 그리고 한국 전통불교인 참선의 중흥과 불교의 대중화를 위해 헌신하였다. 1916년 백용성은 그의 대각사상과 민족의 독립을 위한 활동 그리고 대중포교 활동의 거점이 되는 서울특별시 종로구 봉익동 1번지에 위치한 대각사[277]를

275 허정선, 「백용성과 대각사 연구」, 『大覺思想』 34, 대각사상연구원, 2020, pp.67~97 중에서 대각사의 성격과 의미를 중심으로 재정리하였다.

276 이상배·류상진, 『서울 2천년사』 24, 서울특별시 시사편찬위원회, 2014. p.74.

277 대각사는 백용성이 불교중흥과 민족운동을 꾀한 곳이다. 현재 대각사는 서울특별시 종로구 봉익동 2번지·3번지에 위치해 있다. (대각사, 「대각사 대각회 사적기」,

창건하였다. 또한 백용성은 삼장역회를 출범시켜 수많은 역경사업과 저술 활동을 통해 불교포교 활동에 큰 영향을 끼쳤다. 백용성은 또한 대처식육이라는 일본불교의 침투에 맞서서 두 차례에 걸쳐 건백서를 일제 총독부에 제출했는데 이것이 거부되자 대각교를 선포하기에 이른다. 백용성이 추구한 대각교는 당시 사회에 적응시키기 위한 불교개혁 운동이었다.[278]

그러나 대각사의 창건 연대에 대한 논의는 1911년설, 1914년설 그리고 1916년설 등 다양하다. 백용성의 문도 측은 백용성이 대각사를 서울에 상경한 직후인 1911년에 세웠고 그 명칭도 대각사라고 주장을 하였다. 그러나 조선총독부의 촉탁이었던 무라야마 지준(村山智順, 1891~1968)이 1935년에 저술한 『조선의 유사종교』에는 1914년에 세워졌고 그 명칭도 선종포교당이라고 적혀 있다.[279] 1916년설은 백용성이 3·1 운동에 참가한 후 일제에 체포되어 심문을 받을 때 대각사 주소인 봉익동 1번지에 53세 때부터 '단독으로' 있었다는 기록에 근거한다. 이 기록에 더욱 무게를 두어 한보광 스님은 그의 글

『백용성 대종사 총서』, 7 (재)대한불교조계종 대각회, 2016, p.348.) 1986년 대각사 경내에 있던 요사채 목조건물 147평을 철거하였다. 현재는 대각사 일주문을 지나면 왼편에 범종각이 있다. 경내 중심에는 현재의 모습을 갖춘 지하 1층, 지상 3층, 총 건평 400여 평 규모의 대각성전이 있다. 이 건물은 2층까지는 현대식, 3층은 한식형 건물로서 팔작지붕 구조이다. 대각성전 건립을 기념하는 대각사 대각회 사적비가 있고 사적비 뒤로 심검당이 있다.

278 김광식, 「백용성의 불교개혁과 대각교 운동」, 『백용성 연구』, 동국대학교 출판부, 2017, p.275.

279 김광식, 『용성』, 민족사, 1999, p.98.

「백용성 스님의 후반기 생애」에서 대각사 창건 시기를 기존의 1911년에서 1916년으로 주장하였다.[280] 김광식도 1916년부터 백용성이 오늘날 대각사의 모태인 봉익동 1번지에 머물렀다고 주장한다.[281] 이러한 정황을 볼 때 필자도 백용성 본인이 직접 구술한 내용, 즉 53세 시절인 1916년을 대각사의 창건 시기로 보는 것이 합리적이라 본다.

대각사는 창건 후 백용성이 추진한 역경사업과 저술사업, 민족운동, 대중포교 운동의 거점이 된다. 그리고 백용성은 1940년 대각사에서 입적했다. 대각사는 민족의 독립운동을 위해 활동한 많은 지사들이 다녀간 장소였을 뿐만 아니라 백용성의 대각교 운동이 구현된 거점이다. 즉 한국불교개혁 운동이 이루어졌던 역사적인 장소였다. 또한 삼장역회와 더불어 백용성의 많은 번역서와 저술이 발간된 곳이기도 하다. 그렇지만 아직 대각사에 대한 연구는 미약한 상태이다. 이는 자료가 부족하여 그럴 수 있다. 그런데 대각사를 창건한 백용성의 대부분 포교 활동은 모두 대각사를 중심으로 이루어진 것을 주목해야 한다. 한국불교의 개혁도 대각사를 중심으로 이루어졌으며, 일제에 대한 저항도 대각사에서 이루어졌던 것이다. 따라서 여기에서는 대각사를 중심으로 한 백용성의 포교 활동을 세 단계의 시기로 나누어 살펴보고자 한다.

1911년은 백용성이 상경한 매우 의미 있는 해였다. 그리고 대각사가

---

280 한보광 스님, 「백용성 스님의 중반기의 생애」, 『대각사상』 2, 대각사상연구원, 1999, p.35.

281 김광식, 「불교 근대화의 노선과 백용성의 대각교」, 『백용성 연구』, 동국대학교 출판부, 2017, pp.142~143.

비록 1916년에 창건되었다 할지라도 백용성의 대각사상의 발현은 이미 서울의 신도인 강姜씨의 집에서 도회지 참선포교를 할 때부터 시작되었다고 볼 수 있다. 그래서 1911년부터 백용성이 3·1 독립운동 민족대표로 옥고를 치르게 되는 1921년까지를 첫 번째 단계로 구분하였다. 그리고 백용성이 경성감옥에서 출옥한 해이면서 삼장역회를 출범시킨 해인 1921년부터 대각사의 소유권이 범어사로 인계되는 1936년, 전해인 1935년까지를 두 번째 시기로 구분하였다. 그리고 마지막으로 1936년부터 백용성이 입적하는 1940년까지를 마지막 세 번째 시기로 구분하였다.

〈표 4-1〉 대각사 시기 구분

1기의 대각사	1911~1921년
2기의 대각사	1921~1935년
3기의 대각사	1936~1940년

1기(1911~1921)의 대각사는 대각사의 창건과 불교계 독립운동의 중심지로서 특징된다. 앞에서도 말했지만 대각사의 창건 연대에는 여러 설이 있는데, 그중에서 1916년설이 가장 설득력 있고 보편성이 있다. 한편 백용성이 활동했던 시기의 대각사는 민족독립운동의 성지였다. 불교계에서 독립운동에 대한 논의가 대각사에서 이루어졌으며, 특히 백용성은 1919년 3·1 독립운동의 민족대표로 참여해 달라는 한용운의 요청을 수락하여 기꺼이 참여하였고 옥고를 치렀다.

2기(1921~1935)의 대각사는 역경사업과 저술사업, 저항으로서의 대각교 선포, 그리고 대중포교 중심의 활동으로 특징된다. 대각사에서 백용성은 역경사업을 통해 쉽게 대중들이 불교서적을 접할 수 있게 하였을 뿐만 아니라 저술사업을 통해 불교의 새로운 장을 열었다. 또한 백용성은 대처식육을 반대하는 내용의 건백서를 일제 당국에 제출하고, 불교라는 명칭을 바꾸어 대각교로 선포하는 등 저항하는 사찰로서의 면모를 당당히 보여주었다. 그리하여 대각사는 대중포교를 위해 큰 기여를 하였다. 한문으로 하는 의식을 혁신적으로 개혁하여 일반 대중에게 적극적으로 다가갔다. 대각사에서는 찬불가를 부르는 등 당시에 파격적인 방법을 동원하여 어린이와 청소년이 불교를 즐겁게 접할 수 있도록 하였다. 또한 대각사는 대중포교를 위해 선회禪會[282]를 개설하여 화두 참선 수행에 있어서도 선구적 역할을 수행하였다. 재가자들과 함께하는 '하안거'를 처음으로 시작하였고, 특히 여기에 여성 수행자를 포함시켰다는 것은 그야말로 획기적인 진척이었다. 이러한 활동을 통해 대각사는 한국의 현대불교 발전에 지대한 공헌을 하였던 것이다.

3기(1936~1940)의 대각사에서 백용성은 계속된 번역과 저술사업 그리고 대각사 명칭을 변경하였다. 특히 명칭의 변경과 관련해서 대각사는 그 명칭이 1936년 7월에 '해인사 경성포교당'으로 바뀌었다가 동년 11월에 '범어사 경성포교당'으로 전환된다.[283] 그러나 대각사는 1937년 후반부터는 '조선불교 선종총림'이라는 새로운 명칭을 갖게

---

282 선회는 1927년 7월에 개설되고 부인선회는 같은 해 9월에 개설되었다.

283 「대각교당이 다시 대본산 범어사 경성포교소로 이전 수속」, 『불교시보』 17, 1936. 12. 1, p.6.

된다. 그리고 대각교는 1939년 11월 2일부터 선리참구원에 편입되었다. 그러나 백용성이 1940년 음력 2월 24일 입적하면서 선리참구원과 맺은 약정은 이행되지 않았다.

여기에서 다시 한 번 대각사의 성격과 대각사가 가지는 의미를 정리해 보겠다. 대각사는 일제 식민지 불교의 정책에 대한 불교계 저항의 시발점이 된 곳이었다. 또한 마침내 대각교를 선포함으로 사상적으로도 일본불교의 침탈에 당당히 맞서 대응한 사찰이었다. 저술과 역경사업을 통해 백용성이 불교의 지성화를 꾀하였던 사찰이었다. 참신하고도 앞서가는 방법으로 한국 대중불교의 활성화를 이루어 낸 사찰이기도 하였다. 이는 불교계의 거목이라고 할 수 있는 백용성이 있어서 가능하였지만, 백용성 또한 대각사라는 그의 뜻을 펼칠 수 있는 장이 있었기에 이러한 활동을 할 수 있었다. 이처럼 대각사는 백용성과 불가분의 관계임을 쉽게 파악할 수 있다. 백용성이 활약했던 당시의 대각사는 앞에서 살펴본 대로 한국불교사에 있어서 백용성만큼이나 그 역할이 빛났다. 또한 용정에도 대각교당이 세워져 독립운동의 역할을 담당하였다. 그리하여 대각사와 백용성이 한국불교사에 길이 길이 기념되는 그 이유를 수긍할 수 있다. 이런 내용은 근대 불교사에서 서술되어야 할 것이다.

제5절 부인선회 개설

필자는 백용성의 부인선회 개설에 대해 고찰하기 전에 다시 한 번 백용성이 1911년 산중 수행생활을 마치고 도심으로 나온 이유를 되짚고 싶다. 왜냐하면 그 이유를 생각하면 당연히 부인선회 개설에 대한 당위성을 찾을 수 있을 것이라 믿기 때문이다. 백용성이 도심으로 나온 이유는 앞의 도회지 참선포교에서 밝혔다. 그가 상경한 다양한 이유 중에서 도심 대중들을 대상으로 '참선불교'를 구현하기 위한 참선포교 활동을 하기 위해서 도심으로 나온 것과 부인선회 개설은 관련이 깊다고 하겠다.

백용성은 경성으로 올라와 강씨라는 신도 집에서 포교 활동을 시작했다. 그러나 석 달이 채 안 되어 신도의 수가 수백 명이 되자 다시 강영균康永勻의 집으로 옮겨 참선 법규를 세우며 참선을 널리 알렸다. 이것이 참선포교를 위해서 도회지에 올라온 백용성 포교 활동의 시작이었다. 1912년 통도사와 범어사 그리고 지리산의 각 사찰들이 연합하여 조선임제종 중앙포교당을 경성 대사동(현 인사동)에 설립한다. 그리고 백용성은 포교를 담당하는 중앙포교당의 개교사장으로 피임된다. 그 후 포교한 지 3년 만에 신도 수는 3천여 명이나 되었으며 경성에는 백용성의 눈부신 참선포교 활동 때문에 처음으로 '참선'이라는 명칭을 사용하게 되었다. '참선'이라는 용어가 생소할 때 이 용어를 사용하며 참선을 가르치며 짧은 기간 안에 신도 수가 3천여 명이 되었다는 것은 백용성의 포교 활동이 얼마나 왕성했으며 성공적이었는지를 상상할 수 있다. 백용성의 도회지 참선포교의 결실이 맺어지는 순간이었다.

이렇듯 백용성은 『용성선사어록』의 「만일참선결사회 창립기」에서도 말했듯이 참선을 널리 알리는 선종의 화두 참선 포교당을 각 도시 안에 설치하는 것은 많은 대중들을 이롭게 하는 것이라고 믿었다.

그리고 이것이 백용성의 도심불교 포교의 목표였다고 본다. 앞에서 언급했듯이 백용성은 1927년 대각교를 선포하고 2년 후인 1929년 대각사에 선회禪會를 개설한다.[284] 참선 수행자로서 끊임없이 참선 수행을 널리 알리려는 백용성의 노력을 엿볼 수 있다. 이러한 활동을 하면서, 1929년 그해에 부인선회를 대각사에 개설한 것은 백용성의 개혁적이고도 참신한 참선포교 활동의 정수라 하겠다. 백용성은 부인선회에서도 당연히 화두 참선 수행법을 가르쳤다. 대각사에서 1934년에 거행된 하안거부터 작성된 안거 여성 참여자 명단은 본서 자료에 첨부하였다.

1934년부터 1938년까지의 방함록 기록에 따르면 이 기간 중 대각교 부인선원이 진행한 매번의 안거 참가자 인원은 6명에서 15명 정도로 볼 수 있다. 1932년 선학원에서 시행한 전국 선원 및 수행자 통계조사에 따르면 안거 참여자 수는 평균 10명 내외였다.[285] 선학원 부인선원도 1934~1938년 동안 안거에 참여한 평균 인원은 대략 5명 내외였다.[286] 무주에 있는 향산사 또한 백용성이 부인선방을 지도하던 대중포교 도량으로 알려져 있다. 1918년 무렵 '지장회'를 결성한 보살들은 백용성을 초빙하기 위해 법당을 지었고 이것이 무주에 위치한 향산사의 창건 배경이었다.[287]

---

284 김광식, 『백용성 연구』, 동국대학교출판부, 2017, p.590.

285 「조선불교계의 선원과 납자수의 통계」, 『禪苑』 3, pp.72~73.

286 『安居芳啣錄』, 中央禪院.

287 「용성 스님이 부인선방 지도하던 대중포교도량, 무주 향산사」, 『불교저널』 2016. 3. 17.

대각사 부인선원이나 향산사의 부인선방 등은 명칭 그대로 여성들로만 구성된 선원이었다. 『용성선사어록』에서는 백용성이 초기 상경 당시 민가 포교당에서 수십 명의 청신사와 함께 참선의 법규를 세우며 참선을 널리 알렸다고 전하고 있다.[288] 이러한 상황에서 백용성의 참선 대중포교에서 남성 수행자뿐만 아니라 여성 수행자들에게도 선원을 설립케 하고 후원하며 운영하는 역할도 했음을 알 수 있다. 대각사 부인선원이나 향산사의 부인선방 등을 구성한 여성들은 비교적 높은 경제력과 독립적인 생활을 영위하는 왕실 여성과의 친분이 있는 여성들, 상궁 또는 지방 유지의 부인들이었다.[289]

비록 규모는 크지 않았지만 백용성이 주관한 대각사의 부인선회 개설의 의미는 특별하다. 왜냐하면 유교 사회에서 차별받던 여성들이 적극적으로 종교 활동에 참여할 수 있게 되었고, 그것도 화두 참선 수행이라는 기존의 남성 중심의 수행법에 함께 동참할 수 있게 되었기 때문이다. 다시 한 번 '부인선회'의 개설은 백용성의 참신한 참선포교 활동의 진수였음을 강조한다. 따라서 부인선회는 이후 한국불교에서 여성들의 적극적인 수행 및 참여를 이끌어내는 선구자적 역할을 했다고 해도 과언이 아닐 것이다.

---

288 「만일참선결사회 창립기」, 『백용성 대종사 총서』 1, 대한불교조계종 대각회, 2016, p.351.

289 조승미, 「백용성의 참선 대중화 운동과 부인선원」, 『대각사상』 27, 대각사상연구원, 2017, pp.215~217, 「용성 스님이 부인선방 지도하던 대중포교도량, 무주 향산사」, 『불교저널』, 2016. 3. 17.

소결

지금까지 백용성의 대중을 위한 참선포교 활동을 위한 노력들을 살펴보았다. 그중 대표적인 것이 도심포교 활동이다. 백용성은 1911년 당시 수도인 경성으로 올라와 본격적인 도심에서의 참선포교 활동을 시작했다. 그 당시 도회지에서의 포교 활동은 불교를 중흥시키기 위한 하나의 필요 과정이었다고 볼 수 있다. 백용성이 그동안의 산중 수행을 마치고 1911년 도시로 상경한 일은 모두 참선포교를 하기 위해서라고 해도 과언이 아닐 것이다.

임제종 중앙포교당은 한국불교를 일본불교에 매종했다는 조동종 맹약에 반발해서 출발한 임제종 운동의 본부이다. 원종은 개항기 근대 최초의 불교종단이었는데 종정 이회광은 일본이 우리의 불교계를 장악하고 민족을 말살하려는 의도는 모른 채 조일불교 연합이라는 책동에 빠졌다. 이러한 상황 속에서 조선임제종 중앙포교당이 설립되었다. 간화선 수행으로 화두를 타파한 백용성은 임제종 중앙포교당에서 포교를 담당한 개교사장으로서 당연히 임제선을 통하여 한국불교 전통선의 맥을 잇는 작업과 서울에 '참선'이라는 말을 처음으로 알리는 등 화두 참선포교 활동에 심혈을 기울인다.

한편 일제의 압박으로 1915년 이후 백용성은 선종임제파강구소를 열고 독자적으로 포교 및 연구 활동을 계속하였다. 여기서 그의 모든 포교 활동은 궁극적인 선리는 마음을 깨우치는 것에 집중되어 있다는 임제선의 바탕에서 이루어졌다. 이때 백용성은 조선불교는 임제선을 잇는 선불교임을 확실히 강조했다. 임제파강구소는 그 명칭에 걸맞게 백용성이 선종 임제선과 관련된 내용을 강의하면서 참선과 임제선풍을 일으킨 곳이다. 백용성은 이곳에서 『용성선사어록』에 나타난 임제록 강의도 수행하였다.

본 장에서는 또한 백용성의 대각사상, 독립운동 그리고 대중포교 활동의 중심지인 대각사 창건을 다루었다. 대각사의 창건 연대에 대한 논의는 1911년설, 1914년설 그리고 1916년설 등 다양한데, 본 연구에서는 한보광 스님의 주장이 합리적이라고 보고 1916년설을 받아들였다. 대각사에서 백용성은 삼장역회를 출범시켜 수많은 역경 사업과 『한글 대각교 의식집』을 포함한 활발한 저술 활동을 수행하였다. 또한 대각사에서 백용성은 일본불교의 침투에 맞서서 두 차례에 걸쳐 건백서를 일제 총독부에 제출했는데, 이것이 거부되자 대각교를 선포하기에 이른다. 백용성이 추구한 대각교 운동은 당시의 선구적인 불교개혁 운동이었다.

부인선회는 백용성이 애를 쓴 참선 대중화 운동의 특별한 결실이라고 본다. 부인선회를 개설한 것은 백용성의 개혁적이고도 참신한 참선포교 활동의 진수라고 본다. 왜냐하면 유교 사회에서 차별받던 여성들이 적극적으로 종교 활동에 참여할 수 있게 되었고, 그것도 참선 수행이라는 기존의 남성 중심의 수행법에 동참할 수 있는 기회를 갖게 되었기 때문이다. 비록 규모는 크지 않았지만 부인선회는 이후 한국불교에서 여성들의 적극적인 참여를 이끌어내는 선구자적 역할을 했으며, 이는 결과적으로 여성인권 향상에도 기여한 의의가 있다.

제5장 나오며

백용성은 14세에 출가하여 19세에서 23세에 이르기까지 4차에 걸쳐 깨달음을 증득하였다. 백용성 선사는 화두참구로 대각을 증득하고 교학 연찬으로 깨달음을 확인하였다. 이후 사회로 회향하여 왜색불교가 성행하는 가운데 전통 한국불교의 정신을 담고 있는 참선을 알리고 대중들에게 불교를 널리 전파하기 시작하였다.

백용성은 1911년 신도 강씨의 서울 대사동 집에서 대중을 대상으로 선회를 개설하였고 도심포교에 자신감을 얻어 최초의 민가 포교당을 개설하였다. 이어서 1912년 임제종 중앙포교당의 개교사장開教師長, 즉 포교 책임자라는 막중한 직책으로 일본 조동종에 매종 행위를 한 원종에 대항하면서 한국불교의 전통을 잇고 우리 민족정신을 지켜가고자 하였다. 그 후에는 독자적으로 선종임제파강구소와 대각사를 건립하여 수행과 포교에 힘을 기울였다. 이러한 노력은 1925년 망월사에서 한국 전통불교의 중흥으로 상징되는 만일참선결사회의 조직으로 빛을 보았다. 백용성은 결사회를 통해서 한국 선의 전통 회복을 의도하였다. 그는 엄정한 규칙의 실천이라는 수행을 통해 불교계 인재양성과 참선 수행을 대중화하고자 노력하였다.

한편 1916년 백용성은 그의 대각사상과 민족의 독립을 위한 활동 그리고 대중포교 활동의 거점이 되는 대각사를 창건하였다. 또한 백용성은 민족대표 33인 중 한 사람으로 1919년 3·1 독립운동 독립선언에 참가하였다. 그가 3·1 운동에 적극적으로 참여한 것은 한국불교를 수호하기 위해 전개한 임제종 운동과 연결되어 있다. 임제종 운동은 친일 성향인 원종의 매종賣宗 행위를 저지하면서 시작되었지만, 여기서 그치지 않고 3·1 운동과 1920년대 초반 불교계 개혁의 구심점이 되었다. 백용성은 1919년 3·1 운동 이후 1921년 5월 마포 경성감옥에서 출옥에 이르기까지 2년 넘게 수감생활 중 대중들의 삶 속으로 들어가 있는 다른 종교의 영향을 받아 불교 혁신과 대중화에 투신할 것을 결심한다. 그리하여 출옥 후 1921년 삼장역회를 출범시켜 수많은 역경사업과 저술 활동을 벌이며 불교 대중화에 힘썼다.

뿐만 아니라 백용성은 일제 식민지 불교 정책에 대한 단호한 저항으로 1926년 1차, 2차에 걸쳐 대처식육을 반대하는 내용의 건백서를 조선총독과 내무성에 제출하였다. 그러나 건백서의 주장들이 묵살되자 1927년 백용성은 기존 교단을 탈퇴하고, 불교라는 명칭을 대각교로 바꾼다. 그리고 1928년에 대각 일요학교를 설립하여 어린이까지 포함한 도심에서의 불교 대중포교에 더욱 힘쓴다.

백용성은 출옥 후 3·1 운동으로 탄생한 상해 임시정부의 독립운동을 적극 지원하였다. 사람들을 보내 정보를 교환했고 독립운동 자금도 마련하여 전달하였다. 백용성은 이미 1916년에 함경도 북청에서 금광을 경영하며 불교의 자주와 민족의 독립을 염원하였다. 금광 사업은 포교 활동에 필요한 재원을 마련하기 위해서였고, 한편으로는 사람들이 통행증을 얻어 독립운동을 할 수 있도록 하기 위해서였다.

이처럼 암울했던 시대에 한국 전통불교의 중흥과 독립을 위해 크게 노력했던 백용성은 한국 근대사에서 몇 안 되는 깨달은 선지식 중에서 유일하게 도심에서 대중포교를 추진했던 선사이다. 그는 항일 독립운동뿐만 아니라 대각사상을 바탕으로 대각교 운동을 통해 읽기 쉬운 불교경전을 간행하였다. 그리고 그가 설립한 국내외 여러 포교당과 화과원 등에서 화두 참선 포교 활동들을 전개해 나갔던 것이다. 백용성은 1940년 입적하는 그 순간까지 불교의 개혁과 대중화에 앞장섰다. 무엇보다도 산중이 아닌 도심에서 참선불교를 널리 포교하여 불교역사에 길이 남을 큰 공헌을 하였다. 백용성은 감옥에서 다짐한 역경사업을 통해 불교의 대중화를 실현하기 위해서 1921년 역경사업 조직체인 삼장역회를 출범시켰다. 그는 여기서 한글 번역의 체계화를 시도하였다.

본서 I부 제1장에서는 위와 같은 행보를 간 백용성의 생애, 독립운동을 요약 정리하였다. 그리고 제2장에서는 백용성의 저술 중 『수심정로』, 『수심론』, 『오도의 진리』, 『오도는 각』 그리고 『용성선사어록』을 중심으로 그의 문서를 통한 참선포교를 다루었다. 백용성은 『수심정로』에서 우선 화두를 참구함에 있어 좋은 화두, 나쁜 화두가 없다고 단호하게 강조한다. 또한 화두에 의정을 크게 일으켜 의정 외에는 달리 아는 생각을 내지 않으면 활구 참선이 된다고 가르쳤다. 백용성은 화두를 참구할 때 생기는 모든 병통을 자세히 밝혀줌으로써 우리가 마음을 닦을 때 빠지기 쉬운 장애를 구별해 주었다. 또한 어떠한 경계를 만나더라도 이러한 경계들은 화두를 참구하며 마음을 깨치는 것과는 아무런 상관이 없고 오로지 강한 의정을 일으켜 화두를 참구하라고 일러주고 있다.

백용성은 『수심론』 「본종편本宗篇」에서 제자가 어떻게 공부를 했는지에 대해 묻자 스승에게 배운 것이 아니라고 하였다. 이어서 "생각이 일어나는 곳을 살피고 다시 의심(의정)하니, 홀연히 통의 밑바닥이 빠진 것과 같아 나의 몸과 분별하는 마음 전체가 본래 공하여 한 물건도 없다"라는 그의 경험을 말한다. 1885년에 송광사에서 '일면불월면불 화두'와 '무자화두'로 다시 깨치고, 1886년 가을 낙동강을 건너갈 때 게송 한수를 지으며 4차 오도를 체험하였다. 백용성은 "깨달음을 볼 수 없다고 깨달음이 없는 것이 아니라면서 각 곧 깨달음은 나의 본성이며 공도 아니고 또한 공한 것도 아닌 것도 아니다"라고 하면서 각이 곧 본성이라고 말한다. 백용성은 『수심론』 「마음공부 하는 바른 길」에서는 '도를 닦는 사람은 화두에 큰 불구덩이와 같이 의심하고 의심해야 함'을 강조한다. 또한 '마음공부하는 데는 아는 것이 큰 병이 된다고 하니 아는 것을 버리고 단지 오로지 화두에 의심만 내고, 혼침과 산란에 빠져서도 안 됨'을 강조한다. 마음공부에는 첫째 대신심大信心, 둘째 대분심大憤心, 셋째 대의심大疑心의 세 가지가 있는데 이 가운데에 하나라도 빠지면 공부를 이룰 수 없다고 가르친다. 간절히 화두를 참구하면 반드시 투철할 때가 있음을 말한다. 『오도의 진리』에서는 나의 본성本性을 스스로 깨달아 알 수 없다고 말하고 있다. 그러나 선사는 깨달음(覺)을 말로 설명할 수 없으나, 다양한 비유를 들면서 분명히 존재한다고 말한다. 그리고 이 책에서 선사는 대도는 명백하여 별도로 참구할 필요가 없다고 분명히 말한다. 모두가 본각진성을 잊었기 때문에 참선 수행하기를 권했을 뿐이라는 것이다. 다만 습기習氣만 제거하라고 강조하신다. 즉 깨끗한 옥을 얻었더라도 갈지 않으면 사용할 수 없듯이 본성을 깨달았더라도 습기를 제거하지 않으면 쓸모없게 됨을 재차 강조한다. 이때 화두 참구 수행법이 가장 적절한 수행법임을 강조한다. 『오도는 각』에서 백용성은 도와 깨달음의 본질은 본각本覺, 시각始覺, 구경각究竟覺의 세 단계를 통해 설명되며 모든 존재가 본래 깨달음의 성품을 지니고 있음을 강조한다. 또한 백용성은 실제 경험을 통해 본각을 깨달아야 한다고 강조하였다. 백용성은 또한 "큰 도는 분명하여 참구할 필요가 없다"고 말한다. 이는 큰 도는 이미 분명하고 명백하여 별도의 참구가 필요 없음을 의미한다. 하지만 그는 "과거에 도를 깨친 자에게는 대도는 참구할 필요가 없다고 했지만 오늘날 도를 깨치지 못한 자에게는 화두 참선 수행을 하는 것이 적절하다"라고 하였다.

『용성선사어록』은 용성 조사가 태어나 발심하고 이후 출가하여 수행하고 오도悟道하기까지의 행장에 관한 내용으로 13장과 부록으로 구성되어 있다. 이 어록을 따라 백용성의 간화선 수행론을 살펴보면, 산란한 마음을 통일시키는 정定 공부에 있어서 주력, 염불, 관법의 중요함을 충분히 강조하였다. 하지만 그가 단지 이 세 가지 수행으로만 깨달았던 것은 아니며 무엇보다 결정적인 것은 '간화看話 의정疑情'의 힘이었다. 그 점을 증명하듯이 백용성은 염불, 관법의 비효율성과 불철저성을 비판하면서 화두 참선의 우위성을 주장하였다.

백용성은 한국불교의 전통에는 오로지 임제종 하나의 맥이 있었을 뿐이라고 단언한다. 또한 공부의 목적은 무위법無爲法을 체증하여 중생에게 이익이 되게 하는 것이라고 말한다. 부처님의 경지와 보살의 경지에 계합하게 되면 사대오온과 삼라만상, 유정과 무정의 당처가 모두 공空하며, 나아가 세간과 출세간의 모든 법의 당처가 모두 공하여 상相도 공하고 공조차 또한 공한 것을 체증하게 된다고 한다.

깨달음의 세계에 관한 용성의 언명은 아주 명료하다. 마음과 대상이 깨달음에 이르면 마음 빛이 모든 세계를 비춘다는 것이다. 그는 깨달음은 '한바탕 꿈인 것', 즉 '공空인 것'을 알아차리는 것이라고 한다. 우리가 겪었던 모든 괴로움과 번뇌가 한낮 꿈속의 일이라는 것이다. 깨달음은 이론이 아니라 실천의 영역이며 '경지境地의 영역領域'이다. 화두 참선 수행자로서 하루 스물네 시간 동안 바쁘게 참구하면 반드시 자성을 볼 것이라고 강조하고 있다. 그리고 조사관이 염불이나 관상법과도 천지현격으로 다름을 명쾌하게 밝히고 있다. 백용성은 오직 조사관만이 참구하는 힘으로 마음을 깨쳐 나쁜 지각과 지견을 타파할 수 있다고 강조하고 있다. 다시 말하면 백용성은 『용성선사어록』 전반에 걸쳐서 간화선 수행법을 최고의 수행법이라고 말하고 있다.

필자는 백용성이 대승불교의 범주 안에서 간화선의 깨달음에 가장 부합하는 삶을 걸어간 선지식이라 생각한다. 그리고 백용성은 임제선의 맥을 잇는 참선 수행자로서 도심지로 나와 당시 대중들에게 간화선을 안내해 준 최초의 보살이었던 것이다.

제3장에서는 수행실천으로서의 참선포교에 대해 다루기 위해 만일참선결사회, 화과원, 용정의 대각교당을 살펴보았다. 제1절에서는

만일참선결사회는 일본불교와의 차별성을 보여줄 뿐만 아니라 한국불교의 전통성을 회복할 수 있는 계기를 마련해 주었고 평가하였다. 백용성은 「만일참선결사회창립기」에서 역경사업 등으로 신경쇠약증세가 가끔씩 일어나 이 사업을 접고 교외별전敎外別傳인 참선을 정밀하게 수행하려고 이 결사회를 창설하였다고 한다. 백용성은 임제종 중앙포교당이나 임제파강구소를 운영하면서 참선의 중요성을 강조하면서 참선을 최고의 수행법이라고 수시로 설파하였다. 이러한 용성선사가 항상 가지고 있던 참선의 우월성에 대한 그의 믿음이 만일참선결사회를 통해 현실에서 피어났다고 본다. 이 결사를 추진한 또 다른 의도는 한국불교의 계율 파괴와 선의 몰락을 우려해서였다. 이러한 현상은 일본불교의 만연과 함께 막행막식하는 승려의 타락에서 비롯된 것이라 할 수 있다.

2절에서는 선원 또는 수도처로서 당시 획기적인 선농불교禪農佛教를 실천했던 함양 화과원을 다루었다. 1927년 백용성은 대각사상을 선언하고 같은 해 선농불교를 제창하기 위해 경상도 함양 백운산에 화과원을 건립하였다. 백용성은 화과원에서 당대의 선지식들과 선농불교를 실천하면서 항일 독립운동을 펼쳐 나갔다. 그리고 화과원은 그 당시 왜색불교로 찌들어 가는 한국불교의 개혁과 사원의 자립경제 구축 등을 실천해 나갔다. 또한 화과원은 수행처로서의 역할뿐만 아니라 지역 빈민아동의 교육복지 사업, 불교경전의 역경과 저술 등을 전개하였다.

3절에서는 1920년대 한국독립 운동의 주요 활동무대가 되었던 만주의 용정 대각교당을 살펴보았다. 용정 대각교당은 함양의 화과원같이 대각사상에 걸맞게 새로운 불교의 이미지로 그 당시 핍박받고 생활하고 있던 민중들에게 다가갔다. 또한 용정의 대각교당은 함양의 화과원과 대비되어 용정의 화과원이라 불리면서 스님들은 이곳에서 농사를 지으며 수행을 하였다. 그리고 백용성은 용정 대각교당을 단순한 불교포교당으로 사용하지 않았다. 그는 용정에 거주하는 사람들에 대한 포교뿐만 아니라 우리 민족의 독립을 위해서 대각교당을 활용했던 것이다.

만일참선결사회에서는 계율의 중요성을 강조하고 우리의 전통불교인 참선을 만일참선결사회를 통해서 중흥시키는 또 하나의 계기를 일으켰다. 함양 화과원에서 백용성은 사원의 자립경제를 이룬다는 신념하에 선농불교라는, 그 시대에는 대단히 혁신적인 선수행 가풍을 크게 진작시켰다. 이를 통해 그동안 대중의 물질적 지원에만 의지하던 불교가 정신적인 깨우침뿐만 아니라 물질적인 것까지 대중들에게 제공하는 새로운 모습을 보여준 것은 지금까지의 한국불교 흐름에서 볼 수 없었던 새로운 혁신이었다.

다음으로는 제4장에서는 백용성의 대중을 위한 참선포교 활동을 살펴보았다. 그중 대표적인 실천이 도심포교 활동이다. 백용성은 1911년 경성으로 올라와 본격적인 도심에서의 참선포교 활동을 시작하였다. 그 당시 도시 수도에서의 포교 활동은 불교를 중흥시키기 위한 하나의 필요 과정이었다고 볼 수 있다. 그리고 백용성은 '참선'이라는 말을 처음으로 도심에서 사용하였다. 그동안의 산중 수행을 마치고 1911년 도시로 내려온 일도 모두 참선포교를 하기 위해서라고 해도 과언이 아닐 것이다.

임제종 중앙포교당은 한국불교를 일본불교에 매종했다는 조동종 맹약에 반발해서 출발한 임제종 운동의 본부이다. 원종은 개항기 근대 최초의 불교종단이었는데 종정 이회광은 일본이 우리의 불교계를 장악하고 민족을 말살하려는 의도는 모른 채 조일불교 연합이라는 꾐에 빠졌다. 이에 격분하여 임제종이 성립된 것이다. 그리하여 불교계는 남쪽의 임제종과 북쪽의 원종으로 양분되었다. 이러한 상황 속에서 범어사와 통도사가 힘을 보태어 1912년 5월 26일, 경성에 조선임제종 중앙포교당을 설립하였다. 간화선 수행으로 화두를 타파한 백용성은 이 임제종 중앙포교당에서 포교를 담당한 개교사장으로서 당연히 참선포교 활동을 활발하게 진행하였다. 여기서 그는 임제선을 통하여 전통선의 맥을 잇는 작업과 서울에 '참선'이라는 말을 처음으로 알리는 등 선포교 활동에 심혈을 기울인다.

한편 일제의 압박으로 1915년 이후 백용성은 서울 종로의 장사동에 선종임제파강구소를 열고 독자적으로 참선포교 및 연구 활동을 계속하였다. 그의 포교 활동의 궁극적인 선리는 마음을 깨우치는 것에 집중되어 있다는 임제선 바탕에서 이루어졌다. 백용성은 조선불교는 임제종을 잇는 선불교임을 확실히 강조하였다. 임제파강구소는 그 명칭에 걸맞게 선종 임제선과 관련된 내용을 강의하면서 참선과 임제선풍을 일으킨 곳이다. 본 절에서는 『용성선사어록』에 나타난 백용성의 임제록 강의 내용도 살펴보았다.

제4장의 4절에서는 또한 대각사상, 독립운동 그리고 대중포교 활동의 중심지인 대각사 창건을 다루었다. 1916년 백용성은 그의 대각사상과 민족의 독립을 위한 활동, 그리고 대중포교 활동의 거점이 되는

대각사를 창건하였다. 대각사의 창건 연대에 대한 논의는 1911년설, 1914년설 그리고 1916년설 등 다양하다. 본 연구에서는 백용성이 3·1 운동에 참가한 후 일제에 잡혀가 심문을 받을 때 대각사 주소인 봉익동 1번지에 53세 때부터 '단독으로' 있었다는 기록에 더욱 무게를 둔 한보광 스님의 주장에 따라 1916년설을 받아들였다. 대각사에서 백용성은 삼장역회를 출범시켜 수많은 역경사업과 『한글 대각교 의식집』을 포함한 활발한 저술 활동을 수행하였다. 또한 대각사에서 백용성은 일본불교의 침투에 맞서 두 차례에 걸쳐 건백서를 일제 총독부에 제출했는데 이것이 거부되자 대각교를 선포하기에 이른다. 백용성이 추구한 대각교는 당시의 선구적인 불교개혁 운동이었다.

부인선회는 백용성이 힘을 기울인 참선 대중화 운동의 특별한 결실이다. 백용성은 1927년 대각교를 선포하는데, 2년 후 1929년 대각사에서 참선 수행을 널리 알리기 위해 선회를 개설하였다. 이러한 노력 가운데에서도 부인선회를 개설한 것은 백용성의 개혁적이고도 참신한 참선포교 활동의 정수였다. 왜냐하면 유교 사회에서 차별받던 여성들이 적극적으로 종교 활동에 참여할 수 있게 되었고, 그것도 화두 참선 수행이라는 기존의 남성 중심의 수행법에 함께 동참할 수 있는 기회를 갖게 되었기 때문이다. 대각사 부인선원이나 향산사의 부인선방 등에 참여한 여성들은 비교적 높은 경제력을 가지고 독립적인 생활을 영위하는 인물들이었다. 왕실 여성과의 친분이 있는 여성들, 상궁 또는 지방 유지의 부인 등이었다. 비록 규모는 크지 않았지만 부인선회는 이후 한국불교에서 여성들의 적극적인 참여를 이끌어내는 선구자적 역할을 하였다. 이는 결과적으로 여성인권 향상에도 기여했다는 역사적 의미가 있다.

암울했던 시대에 한국 전통불교의 중흥과 독립을 위해 크게 노력했던 백용성은 한국 근대사에서 몇 안 되는 깨달은 선지식 중에서 유일하게 도심에서 대중포교를 추진했던 선사이다. 백용성은 항일 독립운동뿐만 아니라 그의 대각사상을 바탕으로 벌인 대각교 운동을 통해 읽기 쉬운 불교경전을 간행하였다. 그리고 그가 설립한 국내외 여러 포교당과 화과원 등에서 참선포교 활동들을 전개해 나갔던 것이다. 용성은 1940년 입적하는 그 순간까지 불교의 개혁과 대중화에 앞장섰을 뿐만 아니라 무엇보다도 산중이 아닌 도심에서 '참선불교'를 널리 포교하여 불교 역사에 길이 남을 큰 공헌을 하였다.

선종의 전통은 '이심전심以心傳心'을 강조한다. 부처님이 마하가섭에게 전해준 염화미소拈花微笑·정법안장正法眼藏·열반묘심涅槃妙心을 전해준 소식이 이심전심으로 이어졌다. 그래서 임제선臨濟禪도 당연히 마음을 깨우치는 것에 집중되어 있다. 백용성의 간화선은 임제종을 잇고 화두 타파로 이어지는 화두 참선이다. 그래서 간화선 수행으로 화두를 타파해 크게 깨달은 백용성의 모든 포교 활동들이 '참선불교'를 구현하고 있다는 것은 당연한 귀결일 것이다. 백용성의 모든 참선포교 활동은 그가 전력을 기울인 참선 대중화 운동의 연장선 속에서 짚어 볼 수 있는데 이는 근대 한국불교 발전의 토대가 되었다고 할 수 있다. 그리고 이것이 계속 이어져 지금 현대사회 우리나라 각 선원에서 매 철마다 안거를 통해서 참선 수행은 생생하게 행해지고 있다.

우리가 살고 있는 현대 사회에는 다양한 명상들이 소개되고 있다.

명상은 우리의 생각 속에서 잠시 생각을 가다듬고 마음을 안정시킬 수 있다. 그러나 화두 참선 수행처럼 우리 마음의 근본 자리를 깨닫게 해주는 수행법은 아니다. 명상이 우리의 생각 안에서 이루어지는 것이라면 화두 참선 수행법은 우리의 생각을 초월하여 이루어지는 수행법이다. 내가 누구인지를 깨닫게 해주는 법, 청정으로 들어가게 해주는 법이 화두 참선 수행법이다. 이러한 특출한 수행법이 아직도 우리에게 전해지고 있다는 것이 무척 자랑스럽다.

필자는 이번 백용성 선사의 참선포교 활동에 관한 연구를 통해서 백용성 선사가 근대 한국사회에 '참선'이라는 용어를 도심에서 최초로 사용한 내용과 도심지 포교에서 선구적인 활동을 한 것을 파악하고자 했다. 또한 백용성이 도심지 포교 활동을 하면서 우리의 전통 수행법인 참선을 널리 포교한 사실을 규명하고자 하였다. 그 결과 백용성이 근대기에 추진한 모든 활동의 저변에는 참선에 바탕을 둔 그의 높은 수행력 및 선사상이 굳건하게 자리잡고 있음을 파악하였다. 이러한 백용성의 정신 및 행보에 나타난 이념은 한국 현대불교에 계승되었다.

그래서 필자는 위와 같은 백용성 선사의 정신과 노력을 이어받아 다시 한 번 한국불교의 전통 수행법인 화두 참선법이 우리나라에서 뿐만 아니라 전 세계에 널리 알려지기를 희망한다. 더불어 참선 수행법을 통해 제2의 용성, 제3의 용성이 계속 배출되어 우리 불교와 사회가 더욱 발전되기를 희망한다. 그리고 지금까지 '참선'과 관련하여 '참선수행', '참선명상', '좌선참선' 등의 용어는 있었지만 '참선불교'라는 용어는 없는데, 필자는 백용성의 화두 참선포교와 관련하여 '참선불교'라는 용어로 규정하고자 함을 밝힌다.

제II부

실전 화두 참선 수행법

제1장 화두란?

우리의 근본자리, 우리의 본래면목을 끊임없이 찾고자 하는 간절한 마음을 일으키고 첫 번째로 해야 할 가장 중요한 일은 믿을 수 있는 선지식으로부터 화두를 받는 일이다. 화두를 공안(公案, 선문답) 또는 고칙古則이라고 하는데 한국 선불교의 화두 참선 수행법은 선사와 학인들 간에 오고 간 독특한 언어, 즉 화두를 통해 모든 사유와 분별의 통로를 차단하여 직접 깨달음을 이루도록 하는 것이다. 화두는 생각과 말을 초월한 절대적인 말이다. 화두 참선이 깨달음의 세계로 진입하게 도와주는 확실한 수행법이라고 믿고 끊임없이 화두를 참구해 나가야 한다. 부처님과 모든 조사들께서는 화두라는 형태로 법과 진리를 우리 눈앞에 명백히 보여주었다. 화두로 우리의 근본자리를 보여주었는데 무명에 바탕한 우리의 중생심으로는 이 화두를 이해할 수도 깨칠 수도 없다. 그래서 화두를 온몸으로 크게 의심하다 보면 의심이 끊어지지 않게 되어 화두와 내가 하나가 되어 맑고 고요하고 또렷한 의정擬情이 눈앞에 드러나게 된다. 이 의정의 상태에서는 억지로 화두를 들고 의심하지 않아도 저절로 화두를 참구하게 된다. 이때는 성성적적惺惺寂寂하게 화두를 들어야 하는데, 이때 환희심(산란), 혼침 또는 무기(無記: 의정이 순일하지 않고 뚝 끊어지게 되면 아무런 의식도 없는 상태)에 빠지지 않도록 주의해야 한다.

화두 참선 수행법에서 화두는 의심을 하라고 있는 것이 아니다. 깨달으라고 있는 것이다. 그런데 우리가 깨닫지 못하기 때문에 화두를 들고 의심하며 참구해 나가는 것이다. 여기서 우리는 화두를 참구할 때 반드시 활구 참구를 해야 하는데 활구와 사구를 구별할 필요가 있다. 활구活句가 모든 생각과 망상과 분별의식을 초월한 알음알이를 떠난 말이라면 사구死句는 사유 형태로 이해하고 말로 설명하려 하거나 분별의 기운이 조금이라도 있는 것이다. 알음알이를 떠나 고요하면서 성성하고 성성하면서 고요하게 화두를 들면 이것이야말로 활구 참구를 하는 것이다. 알음알이를 일으키며 사구 참구를 하면 결단코 진정한 깨달음이 일어나지 못한다. 항상 명심할 것은 알음알이가 끊어지고 생각의 길이 끊어지고 언어의 길이 끊어지면 활구이고 일단 생각으로 일어나면 사구이다.

생각으로 헤아리고 분별하는 것이 아닌 간절한 대의심을 일으켜 화두에 몰입하고 연비하듯 화두로 나를 태워 그 화두와 몰록 하나가 되는 것이다. 용성 큰스님은 『수심정로』 "제49. 무슨 화두마다 본의심本疑心이 있으며 또 병된 것을 가림"(제4)에서 화두에 대한 의문이 마치 거대한 불길처럼 온 마음을 사로잡아, 그 의문을 탐구하는 것 외에는 티끌만한 다른 생각도 끼어들 틈이 없을 때, 이것이 바로 진정한 활구참선의 경지에 이르는 것이다고 하셨다.[1] 또한 우리에게

익숙한 화두를 예로 들어 어떻게 의심하는지를 보여주셨다.[2]

백용성의 「수심론」 "6. 마음공부 하는 바른 길"에서 제자의 질문에 답하며, 화두 수행의 중요성과 그 방법을 다시 한번 자세히 설명한다. 백용성은 화두를 참구할 때 큰 불구덩이처럼 강한 의정擬情을 일으켜야 한다고 강조한다. 화두를 참구하는 것은 마치 한 명의 대장이 맨손으로 백만 군중에 들어가듯 용맹하게 분투해야 한다는 비유를 들어 설명하고, 이는 사대가 공한 것을 성취하는 길이며, 마음공부 하는 사람도 이와 같이 용맹하게 수행해야 한다는 것이다. 아는 것이 큰 병이니 모든 지식을 버리고 오직 화두에 의심만 품어야 한다는 점을 명확히 하고 있다.

올바른 마음공부 방법으로는 화두로 망상을 제거하려 하지 말고, 화두에 생각을 붙들어 매려고 하지 말아야 한다고 가르치고 있다. 화두를 잡고 의심만 하되 혼침과 산란에 빠지지 않도록 주의해야

---

1 백용성, 「수심정로」, 『각해일륜』 3, 『백용성 대종사 총서』 2, 대한불교조계종 대각회, 2016, pp.388~392.

2 위의 책, pp.388~392,

조주趙州의 무無자 화두: '(일체중생에게는 불성이 있는데) 왜(어째서) (조주 스님은) 없다고 하는가?' '어찌 없는가?'

조주의 정전백수자庭前栢樹子 화두: '왜(어째서) 뜰 앞의 잣나무라고 했지?'

조주의 만법귀일萬法歸一 화두: '(만법이 하나로 돌아가는데,) 그 하나는 어디로 돌아가는가?'

운문雲門의 간시궐乾屎橛 화두: '(깨달음에 대해 물었는데,) 왜 마른 똥막대기라고 했지?'

향암香巖의 부모미생전父母未生前 화두: '어떤 것이 (부모미생전) 나의 본래면목인가?'

한다. 고요한 곳에서 혼침에 빠져 공부하는 것은 큰 병통으로 올바른 공부가 아니라는 것이다. 화두에 집중하다 보면 자연히 모든 것에 무심하게 되는데 이때 알음알이를 일으키지 않도록 주의해야 한다고 용성 큰스님은 간절히 당부한다.[3] 현재 화두 수행법이 어렵다고 말하거나 참구하는 방법을 올바르게 익히지 못한 수행자들에게 중요한 지침이 될 것이다.

진정한 화두 참선 수행자는 나 자신의 본래 모습을 찾기 위해 제시된 진정한 가르침이며 이 우주의 진리를 보여주는 화두를 어떠한 상황에서도 놓치지 않고 공부해 나가야 한다.

화두 참선은 기본적으로 좌선을 취하지만 서 있거나 걸을 때도 할 수 있으며 누워서도 할 수 있다. 좌선 시에는 몇 가지를 주의해야 한다.(그림참조)

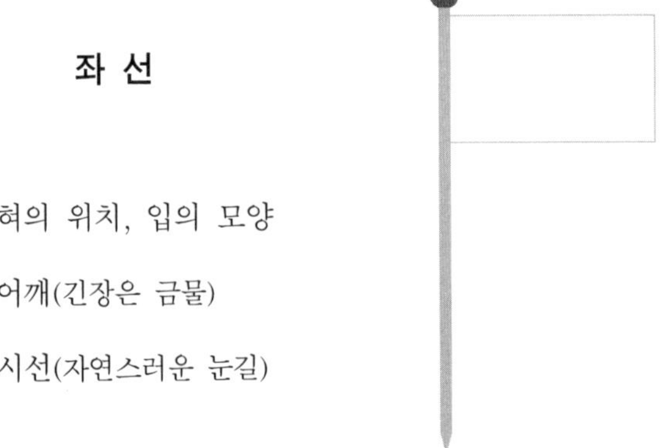

3 백용성, 「수심론」, 『백용성 대종사 총서』 1, 대한불교조계종 대각회, 2016, pp.788~789.

화두 참선 수행을 하는 것은 단순히 그때그때 일어난 감정을 가라앉히려 하는 것이 아니다. 오히려 화두를 부여잡고 생각을 초월해 보려는 어려운 과정을 겪고 이겨 나가는 수행이다. 이 과정을 계속해서 중단하지 않고 나아가야 하는데, 이러한 과정을 거치면 일상생활에서 부딪히는 자신의 문제를 더 명확하게 인지하고 해결할 수 있고 긍정적인 사람으로 변할 수 있다고 믿는다. 지속적이고 열정적인 화두 참선 수행을 통해 우리 내면에 숨겨진 무한한 능력을 일깨우고 궁극적으로는 진리의 깨달음에 도달할 수 있다.

제2장 발심은 왜 중요한가?

발심發心은 발보리심發菩提心의 준말로서 깨달음을 구하려는 매우 간절한 마음이다. 그러면 '무엇을 깨닫는가?'를 깊이 생각해 보면 여기에 선불교의 소중함이 있다. 우리 각자의 근본자리, 각자의 본래면목을 끊임없이 찾아 깨닫고자 하는 것이다. 우리는 발심함으로써 우리의 근본자리를 깨닫고 영원한 자유인, 영원한 행복인이 되는 것이다. 그래서 화두 참선 수행에서는 진정한 발심이 중요한데 이러한 발심이 되지 못한 상태에서 화두 참선 수행은 취미생활에 불과하다고 말해도 과언이 아닐 것이다. 그만큼 화두 참선 수행에서 발심은 매우 중요하다. '나는 누구인가?', '진정한 나는 무엇인가?', '왜 나는 이렇게 살고 있는가?' 등에 대한 물음에 진정한 답을 찾고 싶은 마음이 절절하고 간절할 때 화두를 들면 화두가 제대로 들릴 것이다.

나옹 화상(懶翁和尙, 1320~1376)은 『나옹화상어록懶翁和尙語錄』에서 "'마음'이란 무엇인가? 마음은 우리 각자가 소유한 것으로 때로는 '나'로 불리기도 하고 때로는 '주인'으로 불리기도 한다. 우리는 항상

24시간 '마음'에 의해 주도되며 어디에서나 사물을 판단하기 위해 '마음'에 의존한다. 하늘을 짊고 땅에 서는 것도 '마음'이며 바다를 안고 산을 받치고 있는 것도 '마음'이다. 우리가 입을 움직이고 활동할 수 있게 하는 것도 '마음'이며 발을 들고 걷게 하는 것도 '마음'이다. 이 '마음'은 항상 우리 앞에 있지만 눈으로 보려고 하면 보이지 않고 귀로 들으려고 해도 들리지 않는다. 생각으로 '마음'을 찾으려고 한다면 찾을수록 더 멀어질 것이다."[4]라고 하셨다.

또 나옹 화상은 말씀하시기를 "진정한 깨달음을 원한다면 단단한 신념과 강인한 의지가 필요하다. 이는 매 순간 걷기도 하고 멈추기도 하며 앉기도 하고 눕기도 하는 모든 행위 속에서 지속되어야 한다. '이 몸은 불에 타면 없어질 것인데 그렇다면 나의 본성은 무엇일까?'라는 의문을 끊임없이 가슴에 품어야 한다. 이것이 결국 화두를 드는 것인데, 계속해서 화두를 생각하다 보면 언제나 화두가 명확하게 떠오를 것이며 의심을 하지 않아도 자연스럽게 의심이 생기는 단계에 이를 것이다. 진정으로 이러한 단계에 이르게 되면 고향으로 돌아가는 날이 멀지 않았음을 깨닫게 될 것이다."[5]라고 하셨다.

선에서 나는 주인공이자 각자의 근본자리이다. 사실 이 자리는

---

4 "何者爲心 心在諸人分上喚作自己又喚作主人公 十二時中受他主使一切處聽他差排 頂天立地也是他負海 擎山也是他使汝開口動舌也是他使汝擧足動步也是他 此心常在目前視之不見聽之不聞着意求之轉求轉遠."(『懶翁和尙語錄』, 自答日趙尙書請普說)

5 "你眞實做得這般人發起堅固信生鐵鑄志 於二六時中四威儀內提起燒了散了 那个是我性話提來提去公案現 前寤寐兩邊疑團 不疑自疑你實到 恁麼田地便是到家近矣."(『懶翁和尙語錄』, 示上座參禪方便)

언어나 글자로 명확하게 설명하기는 힘들다. 철저하게 참구하여 우리의 본래면목, 참 주인공인 '나'를 스스로 깨칠 수밖에 없다. 그렇게 했을 때 우리가 맞닥뜨리는 세속적인 욕망에서 벗어나며 마침내 찾아오는 죽음에도 의연하게 대처할 수 있다고 믿는다.

화두 참선은 즉시 내가 바로 본래 부처임을 깨닫게 해주는 수행법을 의미한다. 이 화두 수행법은 깨달음에 이르게 하는 가장 빠르고 쉬운 방법이다. 다시 한 번 강조하면, 우리가 발심한 후 첫 번째로 해야 할 가장 중요하고 가장 먼저 해야 할 일은, 깨달음의 과정으로 들어가기 위해서 선어록과 경전 등 다양한 공부를 할 수 있지만, 믿을 수 있는 선지식으로부터 화두를 받아야 한다. 한 가지 당부하고 싶은 것은, 우물을 파면 한 우물을 파듯 화두를 마음대로 자주 바꾸는 것은 절대로 공부에 도움이 되지 않는다는 것이다. 선지식으로부터 받은 화두를 면밀하게 참구해 나가야 한다. 다음으로는 화두참구는 깨달음의 세계로 진입하기 위한 매우 중요한 과정이라 믿고 나를 깨닫는 그 순간까지 한결같이 주어진 화두를 의심해 나가야 한다. 화두는 언어나 지식으로 이해하는 것이 아님을 또한 명심하고 백용성 선사의 말씀처럼 큰 불구덩이와 같이 의심을 지어 나가야 한다. 그리고 이 모든 과정은 깨달음을 얻으려는 간절한 마음, 간절한 발심에서 시작된다.

제3장 생활 속의 화두 참선 수행이란?

생활 속의 화두 참선 수행은 조용한 가운데서 화두를 참구해 나가는 정중靜中공부에서 시끄러운 가운데서도 또는 움직이면서도 화두를 드는 동중動中공부를 거쳐 어떠한 상황에서도 화두를 들 수 있는 동정일여動靜一如가 되는 것이다. 정중공부에서 출발하여 동중공부를 거쳐 동정일여로 나아가는 과정은 온몸이 하나의 의심 덩어리가 되듯이 화두를 지속적으로 끊임없이 의심해 나가는 것이다. 이것이 참구이다. 시끄럽거나 조용한 상황에서도 화두에 대한 의심이 한결같이 지속적으로 진행될 때 진정한 의미의 공부가 일어나게 된다.

도심 속에서의 화두참구는 우리가 일상에서의 화두를 참구해 나가는 것이다. 화두를 간단없이 들어야 한다. 사량분별이 일어나는 그곳에 가볍게 화두를 참구해 들어가야 한다. 즉 바깥 경계에 부딪칠 때 모든 것은 내 마음의 그림자라는 것을 알고 그 환영에 속지 말고 바로 여기·지금 시공간을 초월한 화두를 간절히 참구해 들어가 모든 경계 속에서 오직 화두에 집중해야 한다.

여기에서 잠깐 경계에 대해서 알아보면, 경계에는 역경계와 순경계가 있다. 역경계는 자신의 뜻을 거스르는 참기 어려운 상황이 각자 눈앞에서 펼쳐지는 것이다. 순경계는 자신의 뜻에 맞는 상황이 각자 눈앞에 펼쳐져 즐겁고 편안함을 주는 것이다. 어떤 경계라도 바깥 경계는 자신의 업, 생각이 투영된 것이며, 본래 연기된 현상으로 실제로는 존재하지 않음을 알고 거기에 자신의 좋고 또는 나쁜 감정을 얹어 집착하지 않아야 한다. 오직 화두를 참구할 뿐이다. 오직 화두를 항상 간직하고 마음을 고요하게 하며 마주하는 경계를 차분하게 대처해야 한다. 다시 한번 역경계와 순경계는 각자 만든 업의 그림자라는 것을 알며 매 순간 화두를 참구해 들어가는 습관을 들여야 한다. 어떤 경계라도 그 경계는 자신의 감정에 의해 자신이 역경계니 순경계니 차별하며 이름을 붙인 것이고, 그것에 집착하는 순간은 화두를 놓친 순간이며 일은 부정적인 방향으로 흘러갈 확률이 매우 높다.

화두참구는 장소에 상관없이 이루어진다는 것을 믿어야 한다. 『유마경』「보살품」에는 직심시도량直心是道場이라는 말이 있다. 이것은 곧은 마음, 즉 잡념이 없는 마음이 도량이라는 것이다. 즉 도심에서 화두 참선을 하더라도 마음이 고요하고 동요하지 않는다면, 그곳은 고요한 선원과 다름없다는 말이다. 또한 승시직입承時直入으로 화두를 들 때는 때를 가리지 말아야 한다. 언제든 자신의 본래 모습을 찾아가며 화두를 통해 내가 우주의 주인공이라는 사실을 깨달아야 한다.

그럼 여기서 어떻게 화두참구를 일상생활에서 수행할 수 있을까? 우선 초심자들을 위한 지침으로 하루에 아침과 저녁에 각각 30분씩 화두 드는 습관을 들일 것을 권한다. 망상에 빠지는 습관을 항상 알아차리려 노력하고 그럴 때마다 그 망상에 끄달리지 않고 화두를 참구하는 것이다. 망상에 빠지는 순간을 화두를 참구하는 습관으로 대체하여 어떤 것에 중독적으로 빠지는 습관을 바꾼다. 사실 큰 불구덩이가 일 듯이 화두를 참구하고 참구하다 보면 망상과 알음알이가 들어올 자리는 없다. 또한 잠자리에 들기 전에도 화두 참선을 수행하는 습관을 갖는 것을 권한다. 이렇게 하기 위해서는 간절한 의심, 대의심을 기본으로 삼고 장기간에 걸쳐 지속적인 노력을 해야 한다.

생활 속 화두 참선 수행에서는 설령 화두를 타파하지 못해도 이러한 수행의 결과로 선정의 힘이 쌓여 마음이 안정되고 삶에 중심이 잡히며 집중력도 향상될 것이다. 일상 속에서 간단없이 화두를 참구해 보자. 계속해서 화두를 들다 보면 "의정"이 생겨 의식하지 못하는 사이에 마음 깊숙한 곳에 무심하게 무의식적으로 화두가 자리잡기 시작한다.

〈하루 중 참선 수행 모드와 나도 수행법〉

- 같은 자세를 3~5분 이상 유지할 때

- 부정적인 마음을 알아차렸을 때:
  감정이 상했을 때
  마음이 산란할 때
  집중력이 떨어질 때
  공상을 피울 때 등

- 육체:
  피로할 때
  잠이 올 때 등

나도 수행법 

- 1.
- 2.
- 3.

제4장 화두 참선·연기·중도

드넓은 허공은 그저 무변 허공인데 화두 참선도 연기법도 공성이다. 예를 들어 화두와 내가 하나된 상태에서 이것이 계속 이어져 결국에는 타성일편이 되고 은산철벽을 타파하여야 깨달음이 온다. 혜국 스님은 타성일편이란 타성에 젖은 업이 화두 일념이 되어 하나가 되었다는 얘기고 은산철벽은 하나 되었다는 생각마저 끊어진 세계지만, 크게 보면 둘이 아니고 이것이 바로 오매일여된 상태라는 것이라고 하셨다.[6] 사실 이것은 말이나 글로 설명해 낼 수 없고 양변을 여읜 자리, 이것이 바로 중도로서 이것과 저것을 떠나 '여기 지금 있는 그대로!' 보는 것, 온전히 마음의 세계, 무변 허공의 세계로 진입한 것이다. 오매일여 상태는 바로 '이 자리'를 보여준 것이라 하겠다.

진정한 법계의 모습은 모든 이원적 개념을 초월한다. 많은 조사 스님들이 설명하듯, 이는 양변을 벗어난 자리다. 이 자리는 일반적인

---

6 혜국 스님께 여쭤보고, 말씀하신 것을 정리했다(2023년 11월 29일).
II부 제7장 참고

사고나 분별로는 파악할 수 없으며, 오직 분별적 사유를 멈춤으로써 깨달음의 영역에 도달할 수 있다. 화두 참선 수행법은 중도 연기의 공성 개념과 그 본질이 같다. 둘 다 분별적 사고를 멈추게 하고 우리를 '부처'의 세계, 깨달음의 세계로 바로 인도한다.

부처님은 "연기를 보면 법을 보고, 법을 보면 여래를 본다"고 말씀하셨다. 이는 이것과 저것, 나와 너, 선과 악 등 지구와 우주가 서로 의존하며 무아로 존재한다는 것이다. 예를 들어 꽃이 봄에 피지만 피기 전까지 꽃이 줄기에 들어가 있었던 것도 아니고 뿌리에 숨어 있었던 것도 아니고 봄기운, 흙 기운, 물, 바람 등이 서로 어우러져 때와 인연이 됐을 때 피는 이치와도 같은 것이다. 꽃 속에 대우주가 어우러져 있는 것인데, 여기서 연기의 법칙이 설명되는 것이다.

또한 화두 참선 수행에서는 무아無我의 개념을 이해하고 올바른 견해를 갖추는 것이 핵심이다. 무아란 고정불변하는 독립적 자아가 존재하지 않음을 의미한다. 우리가 '나'라고 생각하는 것은 사실 다양한 조건들의 일시적인 조합에 불과하다. 정견正見이란 바로 이러한 실재의 본질을 있는 그대로 인식하는 것을 말한다. 즉, 우리의 참된 모습이 고정된 실체가 아니라 끊임없이 변화하는 과정임을 깨닫고, 동시에 그 변화 속에서도 변하지 않는 근본적인 공성空性을 이해하는 것이다.

화두 참선은 우리로 하여금 중도와 연기의 원리, 그리고 공성空性을 직접적이고 즉각적으로 체험하게 하는 수행법이다. 연기緣起의 관점에서 볼 때, 모든 존재는 고정된 자아는 없지만, 동시에 각자의 고유성을 유지하면서 서로 조화롭게 어우러져 전체를 이루는데 이것이 바로 중도中道의 본질이다. 중도는 연기적 세계의 참모습이라 하겠다.

화두 참선은 부처님이 설하신 연기법緣起法을 통해 우주의 근본 원리와 보편적 진리를 직접 체득하는 수행법이다. 이는 우리 삶에 존재하는 모든 허상과 착각을 철저히 밝혀내는 과정이기도 하다. 연기의 깨달음은 '나'와 '타인'을 구분 짓는 인위적 경계가 사라지는 순간을 경험하는 것이다. 이는 모든 존재가 상호 연결되어 있음을 깊이 인식하는 것을 의미한다.

화두 참선을 수행하는 이들에게는 이러한 세계관과 가치관을 굳건히 확립하는 것이 필수적이다. 더불어 중도中道의 정신을 올바로 이해하고, 이를 일상생활에서 꾸준히 실천에 옮기는 것이 매우 중요하다. 궁극적으로 화두 참선 수행법은 우리로 하여금 모든 존재와 현상의 상호 의존성을 깊이 인식하게 하며, 이를 통해 더욱 지혜롭고 자비로운 삶의 방식으로 나아가게 한다고 믿는다.

제5장 화두 참구란?

화두는 어떻게 참구해 나가야 할까? 오롯이 의정을 이룬 상태에서 끊임없이 이어나가며 말과 생각을 초월하여 간절히 화두를 드는 것이다. 화두와 내가 혼연일체임을 느끼며 너와 나라는 모든 이분법적인 경계를 넘어서는 것이다. 그렇다면 화두를 관觀한다는 것은 무엇일까? 관한다는 것은 말 그대로 어떤 현상이나 사물을 있는 그대로 지속적으로, 집중적으로 관찰하는 것이다. 화두를 관한다는 것은 나와 화두가 서로 나누어지게 되어 화두를 따라가는 것이다. 화두와 내가 상대적인 입장에 놓이게 된다. 이는 화두삼매가 못되며 내 의식에 투영된 상대적인 경지에 머무르는 것뿐이다. 완전하게 생각을 초월하지 못하고 완벽하게 주체를 벗어나지 못하기 때문에 마음을 깨치지 못한다.

화두를 참구하기 위해서는 모든 '상대'라는 분별의식에서 벗어나야 한다. 모든 생각과 말에서 분별하는 의식을 뛰어넘어야 한다는 뜻이다. 육조 혜능 선사도 진여를 덮고 있는 허망한 생각만 여의면 본래 성품은 깨끗한 것이며 자기 성품이 본래 깨끗함을 인식하지 못하고 마음을 일으켜 깨끗함을 보려 하면 오히려 깨끗하다는 망상이 생긴다고 했다. 마음을 가지고 마음을 찾는다면 마음을 찾을 수 없을 뿐만 아니라 그 찾는 마음 자체가 망상이 된다는 것을 상기시키고 있다. 즉 마음을 깨치기 위해서는 모든 대상화된 관법은 옳지 않음을 말하고 있다. 화두를 관하는 것은 옳지 않다. 관하는 수행은 정신 집중력은 높일 수 있지만 확철대오는 얻을 수 없기 때문이다. 나중에 다시 논하겠지만 철저한 의심으로부터 화두삼매, 그리고 은산철벽을 투과하여 확실한 깨달음을 얻는 것이다.

또한 화두참구의 생명은 의정이다. 백용성 스님도 불구덩이같이 의정을 일으키라고 누누이 말씀하셨다. 혜국 스님께서도 화두로 나를 태우듯 간절히 의정을 일으키라고 하셨다. 간절한 의정을 일으켜 모를 뿐인, 생각을 초월한 그 상태로 몰록 들어가야 하는 것이다. 화두를 들고 간절히 의심을 일으켜 생각을 뛰어넘어야 우리의 근본자리를 타파할 수 있다. 여기서 주의할 것은 의정을 일으켜야 할 화두를 염불하듯 염송하는 것은 잘못하는 것이다. 화두가 들리지 않더라도 주력이나 송화두 또는 염화두를 해서는 안 된다. 화두 참선에서는 오직 화두만을 간절히 의심해야 한다. 그리고 의정 없이는 결코 화두를 타파할 수 없다. 백용성 선사도 염念이나 관觀을 해서는 깨닫지 못한다고 강조했다. 화두 수행은 오로지 의심이고 참구이다. 화두를 놓치지 않고 실낱만큼의 의심이라도 꾸준히 이어나가면 어느 날에는 망상이 점차 없어지며 의정은 자연스럽게 일어나게 된다. 다시 강조하면 화두참구의 생명은 의정이며, 의정이 일어나지 않는다면 화두참구라 할 수 없다. 활구活句가 모든 망상과 분별의식을 초월한 알음알이를 떠난 말이라면, 사구死句는 사유 형태로 이해하고 말로 설명하려 하거나 분별의 기운이 조금이라도 있는 것이다. 한 가지 분명한 것은, 사구에서는 결단코 진정한 깨달음이 일어나지 못한다.

제6장 삼매란 무엇인가?

삼매는 산스크리트어로 'Samādhi'이며 마음이 완전히 집중되어 다른 모든 생각과 감정이 사라진 상태를 일컫는다. 삼매는 팔정도의 여덟 번째 요소인 '정정(正定, Samma Samadhi)'에 해당하며 이는 바른 집중을 통해 올바른 지혜를 얻는 과정을 나타내기도 한다. 삼매에는 초선初禪·이선二禪·삼선三禪·사선四禪으로 나뉘는 선정삼매, 무루지無漏智와 같은 지혜를 통해 번뇌로부터 해탈하는 상태를 말하는 해탈삼매, 대승불교에서 강조하는 모든 상을 끊어버린 상태를 의미하는 무상無想 삼매 등으로 나눈다.

조계종단에서 출판한 『간화선』에서는 초기불교, 대승불교, 선불교에 따라 삼매를 각각 정의하고 있다.[7] 초기불교(부파불교)에서는 삼매를 '심일경성心一境性'이라고 표현한다. 이는 의식을 하나의 대상에만 몰두하여 번뇌가 사라진 평화롭고 안락한 상태를 의미한다. 또한

7 대한불교조계종 불학연구소·전국선원수좌회, 『간화선』, 조계종출판사, 2015, pp.332~334.

평등한 마음을 한결같이 유지하는 상태로 '등지等持'라고도 한다. 대승불교에서는 반주삼매, 해인삼매, 수능엄삼매, 쌍차쌍조삼매 등으로 나눈다. 선불교에서는 삼매가 중요한 역할을 한다. 화두삼매는 오롯이 의정을 이룬 상태에서 나와 화두가 하나되어 모든 사유와 분별의 통로를 차단한다.

삼매는 불교 수행에서 중요한 위치를 차지하는 심오한 정신의 집중 상태이다. 선정삼매, 해탈삼매, 무상삼매와 같은 다양한 유형의 삼매는 모두 마음의 평온과 깨달음을 위한 필수적인 단계로 여겨진다. 또 초기불교, 대승불교, 선불교 각각의 전통에서 삼매는 다양한 방식으로 강조된다. 삼매를 체험하기 위해서는 지속적인 마음의 훈련이 필요하다. 불교 수행의 핵심 요소로서 삼매를 체험하기 위한 과정은 마음의 안정과 지혜를 동시에 기를 수 있는 중요한 방법이 될 것이다.

한편 여기서 주목해야 할 핵심은 삼매를 특정한 정신 상태로 정의할 때 삼매와 깨달음을 혼동해서는 안 된다는 점이다. 예를 들어 여기 아주 오랫동안 삼매에 들어 있는 사람이 있다고 가정해보자. 그런데 그 사람이 자신의 자성을 깨치지 못하고 생사윤회를 끊지 못했다면 그러한 긴 삼매 체험은 깨달음과는 아무런 관계가 없다는 것을 명심해야 한다.

제7장 의정·의단·타성일편·은산철벽·동정일여·오매일여

화두를 온몸으로 크게 의심하다 보면 의심이 끊어지지 않게 되어 화두와 내가 하나되어 맑고 고요하고 또렷한 의정擬情이 눈앞에 드러나게 된다. 이 의정의 상태에서는 억지로 화두를 의심하지 않아도 저절로 화두 속에 몰입된다. 이때는 성성적적惺惺寂寂하게 화두를 들어야 하는데, 환희심(산란)과 혼침 그리고 무기(無記: 의정이 순일하지 않고 뚝 끊어지게 되면 아무런 의식도 없는 상태)에 빠지지 않도록 주의해야 한다.

의심 덩어리로 뭉친 것이 의단疑團이다. 의단독로란 말 그대로 의단만이 홀로 드러나게 되는데 화두와 내가 하나가 되어 한몸을 이루는 상태가 되는 것이다. 4장에서도 언급했듯이 타성일편打成一片은 화두와 내가 거의 하나가 되어 나의 타성에 젖은 업, 즉 무심코 분별 또는 차별하는 습관이나 계산하고 비교하는 일 등마저 화두와 일념이 되어 하나가 되었다는 것이다. 화두와 나 사이에 다른 것이 끼어들

틈이 없는 상태, 단순하고 순수한 상태가 된다.

은산철벽銀山鐵壁은 하나가 되었다는 생각마저 끊어진 세계지만 크게 보면 타성일편과 오매일여寤寐一如는 둘이 아니다.[8] 은산철벽을 투과하면 확철대오에 이르게 되는데, 꼭 이러한 순서가 정확히 이루어진다고 할 수는 없고 때로는 확철대오가 순간적으로 일어날 수도 있다. 어록에 따르면, 의정疑情, 의단疑團, 그리고 타성일편打成一片은 때때로 동일한 의미로 사용되며,[9] 이들은 은산철벽을 돌파하여 완전한 깨달음인 확철대오確徹大悟에 이르는 과정을 상징하기도 한다.

화두가 계속해서 끊임없이 들리는 것이 중요하며, 화두가 철저하게 들려짐에 따라 크게 동정일여動靜一如와 오매일여(몽중일여夢中一如와 숙면일여熟眠一如)로 구분되기도 한다. 『화두 참선법』에서 성철 스님은 오매일여를 몽중일여와 숙면일여로 나눈다.[10] 동정일여는 화두는 일상생활에서 고요한 때든 시끄러운 때든, 선원에서든 일상생활 속에서든 끊임없이 들려야 한다는 것이다. 화두의 지속적인 들림은 어떤 상황에서라도 계속 화두를 들어 깨달음을 향한 수행을 지속하는 중요한 과제이다. 몽중일여 단계에서는 꿈에서도 화두가 오롯이 들리는 것을 의미한다. 이것은 꿈속에서도 의식적으로 화두를 들어 수행을 이어가야 한다는 의미를 내포하고 있다. 숙면일여는 깨어 있을 때뿐만 아니라 아주 깊은 잠, 죽음과 같은 깊은 잠에서도 한결같이 화두가 들리는 것을 말한다. 만약 숙면일여의 단계에서도 화두를 통해 공성을 체험한

---

8 혜국 스님께 여쭤보고, 말씀하신 것을 정리했다(2023년 11월 29일).

9 앞의 책, p.244.

10 원택스님 엮음, 『성철스님 화두 참선법』, 장경각, 2016, pp.78~79.

다면 우리의 마음은 깊은 무의식에서조차 움직이지 않을 것이며 윤회에서 벗어날 것이라고 믿는다. 오매일여는 꿈속에서마저도 깨달음을 향한 수행의 일환으로 포용되는 것이다. 마음을 깨치는 것은 찰나에 이루어지지만 이를 이루기 위해서는 언제 어디서든 시간과 부단한 노력을 들여 끊임없는 수행과 공부를 해나가야 한다.

제8장 복덕·공덕과 화두참구

불교에서의 복덕福德과 공덕功德은 중요한 개념으로 화두참구와도 밀접한 연관이 있다. 먼저 복덕과 공덕에 대한 개념을 간략히 보자. 불교에서는 복이 없음을 두려워하고 복 짓기를 게을리하지 말라고 한다. 복덕에서 복은 '행운'이나 '행복'을 의미하고, 덕은 '덕행'이나 '덕 행위'를 나타낸다. 복덕은 긍정적이고 선한 행동을 통해 얻는 선량한 결과, 행운 또는 행복을 나타낸다. 불교에서는 선한 행위를 통해 얻는 선과 기쁨이라는 의미로 복덕이 사용된다. 공덕功德에서 공은 '덕행'이나 '덕업'을, 덕은 '선'이나 '덕행'을 의미한다. 공덕은 덕행을 통해 축적되는 덕의 가치로 자신의 성장과 타인에게 이익을 주는 선한 행위를 통해 얻는 덕을 나타낸다. 불교에서 공덕은 자아 없는 이타적인 행위와 연관되며 해탈을 이끄는 데 꼭 필요한 밑거름이다.

화두참구와의 관계에서 화두참구는 말 그대로 '화두를 참구하는 수행'을 의미한다. 불교의 화두참구 수행은 선정이 극에 이르러 삼매를 거쳐 결국 깨달음을 얻게 해준다. 화두 참선 수행으로 마음의 안정과 높은 집중력을 얻을 수 있고 마침내 깨달음에 다가갈 수 있다.

불교에서는 다른 이들에게 이로움을 주는 선한 행위를 통해 쌓이는 복덕과 공덕은 매우 중요한 가르침이다. 복이 아무리 크다 해도 그것이 바로 공덕이 될 수는 없다. 다만 복덕의 힘이 뒷받침되어야 공덕을 쌓을 수 있고 깨달음을 성취할 수 있다. 화두참구를 통해 깨달은 진리에 기반하여 공덕을 쌓고 선한 행동을 실천하고, 그 결과로 공덕과 복덕을 축적할 수 있다는 것은 또한 매우 중요하다. 즉 화두참구·복덕·공덕은 모두 선한 행위와 복禪에 입각한 삶을 이끌어가는 것에 공헌하며 불교의 자비 실천에 상호 보완적인 역할을 한다.

참고문헌

1. 원전

〈약호표〉

T: 大正新修大藏經

Z: 卍續藏經

X: 卍新續藏

『백용성 대종사 총서』 1, 2, 6, 7.

『鎭州臨濟慧照禪師語錄』(T47)

『法演輝師語錄』(T47)

『大慧普覺禪師書』(T47)

『法演禪師語錄』 권3(T47)

『碧巖錄』(T48)

『無門關』(T48)

『傳燈錄』(T51)

『禪門鍛鍊說』(X63)

『江西馬祖道一禪師語錄』(T69)

『佛果圜悟眞覺禪師心要』(X69)

『高峰原妙禪師禪要』(X70)

『古尊宿語錄』 권14(Z48)

2. 단행본

길림성정협문사자료위원회, 『吉林朝鮮族』, 吉林人民出版社, 1993.

김광식, 『용성』, 민족사, 1999.

______, 『백용성 연구』, 동국대학교출판부, 2017.

김달진, 『산거일기』, 세계사, 1990.

김순석,『일제시대 조선총독부의 불교정책과 불교계의 대응』, 景仁文化社, 2003.
김택근,『용성평전』, 모과나무, 2019.
김호귀,『선과 수행』, 석란, 2008.
대각사(도문),『용성대종사 전집』, 1991.
대한불교조계종 불학연구소·전국선원수좌회,『간화선』, 조계종 출판사, 2015.
대혜, 장순용 옮김,『참선의 길』, 고려원, 1997.
독립운동사편찬위원회,『獨立運動史資料集』6, 1984.
동봉,『평상심이 도라 이르지 마라: 용성큰스님 어록』, 불광출판사, 1993.
민도광,『韓國佛敎僧團淨化史』, 정화사편찬위원회, 1996.
박상률,『용성 스님: 풍금 치는 큰스님』, 우리출판사, 1996.
서산 휴정, 이상현 옮김,『청허당집』, 동국대출판부, 2016.
서옹 스님,『임제록 연의』, 아침단청, 2012.
선림고경총서 2,『山房夜話』, 藏經閣, 1988(불기 2532).
선우도량,『22인의 증언을 통해 본 근현대 불교사』, 선우도량 한국불교 근현대사 연구회, 2002.
원택스님 엮음,『성철스님 화두 참선법』, 장경각, 2016.
윤청광,『용성 스님: 고승열전, 작은 솔씨가 낙락장송 되나니』, 언어문화사, 1995.
진관·원종,『無盡藏 布敎 傳承의 歷史硏究』, 중앙승가대학교 출판부, 2020.
한동민,『백용성』, 역사공간, 2018.
한보광 스님,『龍城禪師硏究』, 감로당, 1981.
虛雲, 대성 옮김,『參禪要旨』, 여시아문, 1998.
혜국,『신심명』, 모과나무, 2015.

3. 연구논문

광덕,「용성 선사의 호국관」,『동대신문』1979. 5. 15.
____,「용성 선사의 새불교운동」,『불광』58·59, 1979. 8. 9.
____,「용성 선사와 새불교운동」,『실천불교』3, 1985.
구사회,「백용성과 용성대종사전집」,『금호』76, 1991.
김달진,「나의 인생, 나의 불교」,『불교사상』7, 1984.

김광식, 「1926년 불교계의 대처식육론과 백용성의 건백서」, 『한국독립운동사연구』 11, 1997.
______, 「백용성의 독립운동」, 『大覺思想』 1, 대각사상연구원, 1998.
______, 「백용성 스님과 일제하의 사찰재산·사찰령」, 『大覺思想』 2, 대각사상연구원, 1999.
______, 「백용성 스님의 선농불교」, 『大覺思想』 2, 대각사상연구원, 1999.
______, 「상구보리 하화중생의 모범, 용성 선사」, 『한국불교인물사상사』, 승가대신문사, 2000.
______, 「백용성의 불교개혁과 대각교 운동」, 『大覺思想』 3, 대각사상연구원. 2000.
______, 「용성 선사의 선농불교」, 『노동의 가치, 불교에 묻는다』, 도피안사, 2000.
______, 「백용성의 사상과 민족운동 방략」, 『한국독립운동사연구』 19, 2002.
______, 「백용성의 민족불교」, 『수다라』 16, 2004.
______, 「불교 근대화의 노선과 용성의 대각교」, 『大覺思想』 10, 2007.
______, 「백용성 계율사상의 계승의식-동산·고암·자운을 중심으로」, 『大覺思想』 10, 대각사상연구원, 2007.
______, 「용성의 건백서와 대처식육의 재인식」, 『선문화연구』 4집, 한국불교선리연구원, 2008.
______, 「하동산의 불교정화」, 『범어사와 불교정화운동』, 영광도서, 2008.
______, 「이동헌의 삶과 백용성의 유훈 실현」, 『용성사상과 계승의 재조명』, 죽림정사, 2009.
______, 「백용성 연구의 회고와 전망」, 『大覺思想』 16, 대각사상연구원, 2011.
______, 「대각교의 선종총림으로의 전환 과정 고찰」, 『大覺思想』 22, 大覺思想硏究院, 2014.
______, 「백용성 대종사 자료의 발굴 및 현황」, 『전자불전』 16, 전자불전문화콘텐츠연구소, 2014.
______, 「백용성 만일참선결사회會의 전개와 성격」, 『大覺思想』 27, 大覺思想硏究院, 2017.
______, 「華果院과 백용성, 수법제자의 재인식-이선파와 변봉암을 중심으로」,

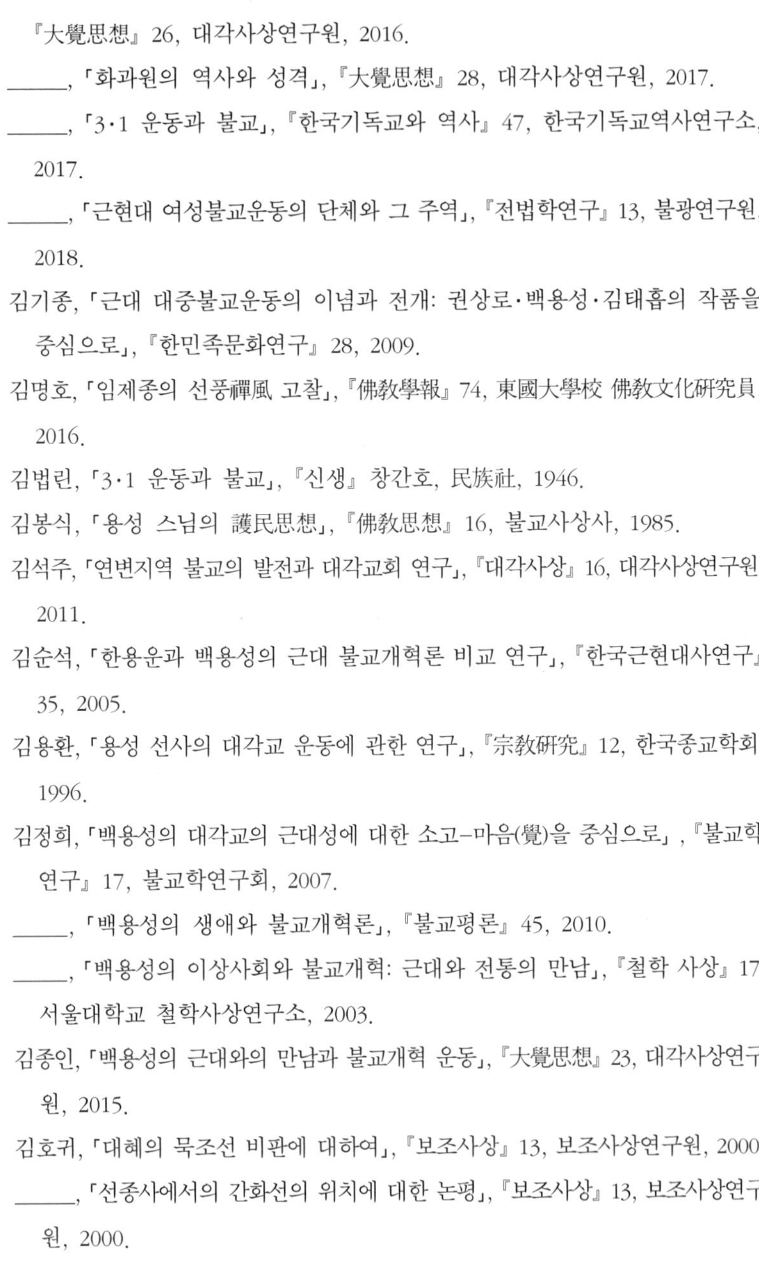

『大覺思想』 26, 대각사상연구원, 2016.

_____, 「화과원의 역사와 성격」, 『大覺思想』 28, 대각사상연구원, 2017.

_____, 「3·1 운동과 불교」, 『한국기독교와 역사』 47, 한국기독교역사연구소, 2017.

_____, 「근현대 여성불교운동의 단체와 그 주역」, 『전법학연구』 13, 불광연구원, 2018.

김기종, 「근대 대중불교운동의 이념과 전개: 권상로·백용성·김태흡의 작품을 중심으로」, 『한민족문화연구』 28, 2009.

김명호, 「임제종의 선풍禪風 고찰」, 『佛教學報』 74, 東國大學校 佛教文化研究員, 2016.

김법린, 「3·1 운동과 불교」, 『신생』 창간호, 民族社, 1946.

김봉식, 「용성 스님의 護民思想」, 『佛教思想』 16, 불교사상사, 1985.

김석주, 「연변지역 불교의 발전과 대각교회 연구」, 『대각사상』 16, 대각사상연구원, 2011.

김순석, 「한용운과 백용성의 근대 불교개혁론 비교 연구」, 『한국근현대사연구』 35, 2005.

김용환, 「용성 선사의 대각교 운동에 관한 연구」, 『宗教研究』 12, 한국종교학회, 1996.

김정희, 「백용성의 대각교의 근대성에 대한 소고-마음(覺)을 중심으로」, 『불교학연구』 17, 불교학연구회, 2007.

_____, 「백용성의 생애와 불교개혁론」, 『불교평론』 45, 2010.

_____, 「백용성의 이상사회와 불교개혁: 근대와 전통의 만남」, 『철학 사상』 17, 서울대학교 철학사상연구소, 2003.

김종인, 「백용성의 근대와의 만남과 불교개혁 운동」, 『大覺思想』 23, 대각사상연구원, 2015.

김호귀, 「대혜의 묵조선 비판에 대하여」, 『보조사상』 13, 보조사상연구원, 2000.

_____, 「선종사에서의 간화선의 위치에 대한 논평」, 『보조사상』 13, 보조사상연구원, 2000.

_____, 「看話禪의 성립배경」, 『보조사상』 19, 보조사상연구원, 2003.

_____, 「看話禪에서 話頭의 양면적 기능」, 『한국선학』 8, 한국선학회, 2004.
_____, 「묵조선 수행의 실제」, 『한국선학』 14, 한국선학회, 2006.
_____, 「淸虛休靜의 五家法脈 인식의 배경에 대한 고찰」, 『한국선학』 22, 한국선학회, 2009.
_____, 「선문답의 현대적 해석 방식」, 『한국선학』 26, 한국선학회, 2010.
_____, 「『虛堂集』 古則의 구조 및 내용의 특징 고찰」, 『한국선학』 28, 한국선학회, 2011.
_____, 「A view about tradition of enlightenment in seon-analects」, 『한국선학』 30, 한국선학회, 2011.
_____, 「선문답의 중도원리와 그 현상」, 『禪文化硏究』 13, 한국불교선리연구원, 2012.
_____, 「한국선에서 선교차별의 전개와 그 변용」, 『한국선학』 36, 한국선학회, 2013.
_____, 「『용성선사어록』의 구성 및 선사상사적 의의」, 『大覺思想』 23, 대각사상연구원, 2015.
_____, 「청허휴정의 선교관 및 수증관」, 『汎韓哲學』 4, 범한철학회, 2015.
_____, 「백용성의 『금강경』 이해와 공관」, 『大覺思想』 27, 대각사상연구원, 2017.
_____, 「용성진종의 總論禪病章에 나타난 십종병 고찰」, 『大覺思想』 32, 대각사상연구원, 2019.
_____, 「『금강경』 분과와 명칭 해석의 고찰-백용성 주석서와 비교하여」, 『大覺思想』 35, 대각사상연구원, 2021.
김호성, 「봉암사결사의 윤리적 성격과 그 정신」, 『봉암사결사와 현대한국불교』, 조계종출판사. 2008.
마성, 「용성진종의 계보와 법맥상속」, 『용성진종조사의 사상과 한국불교의 좌표』, 죽림정사, 2007.
____, 「白龍城의 禪農佛敎에 대한 再照明」, 『大覺思想』 23, 대각사상연구원, 2015.
____, 「백용성의 사상과 화과원에서의 저술 활동」, 『大覺思想』 28, 대각사상연구원, 2017.
덕산, 『용성문도의 불교정화 이념』, 『범어사와 불교정화운동』, 영광도서, 2008.

박문기(종호), 「선수행법의 비교고찰」, 『韓國佛教學』, 25, 한국불교학회, 1999.
__________, 「간화선 형성의 사회적 배경」, 『普照思想』 13, 보조사상연구원, 2000.
__________, 「話頭의 내재적 구조一考」, 『韓國佛教學』 58, 韓國佛教學會, 2010.
박범훈, 「창작 찬불가의 역사적 고찰-용성 선사를 중심으로」, 『목정배화갑논총, 미래불교의 향방』, 1997.
박용모(진관), 「개화승 이동인에 대한 연구」, 『韓國佛教學』 58, 한국불교학회, 2010.
__________, 「불교에서 본 남북한의 평화 소통에 대한 연구」, 『韓國佛教學』 60, 한국불교학회, 2011.
__________, 「개화승 무불 연구」, 『보조사상』 44, 보조사상연구원, 2015.
__________, 「무진장 혜명의 포교 활동」, 『大覺思想』 25, 대각사상연구원, 2016.
박재현, 「일제강점기 '독립'의 의미: 백용성을 중심으로」, 『한국선학』 38, 한국선학회, 2014.
법상, 「龍城震鐘의 禪念一致觀」, 『大覺思想』 26, 대각사상연구원, 2016.
법안, 「龍城禪師의 教化樣態 考察」, 『大覺思想』 26, 대각사상연구원, 2016.
서윤길, 「백용성의 대각교 사상」, 『한국의 사상』, 열음사, 1984.
신규탁, 「『각해일륜』의 분석-동북 아시아전통과 관련하여」, 『大覺思想』 11, 대각사상연구원, 2008.
심재룡, 「근대 한국불교의 네 가지 반응 유형에 대하여-論: 한국 근대불교의 四大思想家」, 『철학사상』 16, 서울대학교 철학사상연구소, 2003.
원두, 「용성문도와 조계종의 오늘」, 『용성진종조사의 사상과 한국불교의 좌표』, 죽림정사, 2007.
윤창화, 「개항이후 최초의 불교출판사 삼장역회와 용성 스님」, 『불교와문화』 31, 대한불교진흥원, 2003.
이덕진, 「용성진종의 선사상에 관한 일고찰」, 『韓國佛教學』 48, 한국불교학회, 2007.
이수창(마성), 「백용성 사상과 화과원에서의 저술 활동」, 『大覺思想』 28, 대각사상연구원, 2017.

이영자, 「白龍城 研究 序說」, 『佛敎思想』 6, 佛敎思想普及協會, 1974.
______, 「龍城 詳譯科解 金剛經에 對하여」, 『불교학보』 1, 불교문화연구원, 1974.
이종익, 「백용성 스님」, 『법륜』 22, 법륜사, 1970.
임도문, 「용성 진종조사 대각사상의 이해의 기본 방향」, 『용성진종조사의 사상과 한국불교의 좌표』, 죽림정사, 2007.
______, 「백용성조사의 사상」, 『大覺思想』 1, 대각사상연구원, 1998.
장진오, 「일제하 대각교 운동의 역사적 성격」, 『석림』 24, 동국대학교 석림회, 1991.
정수, 「선수행의 대중화에 대한 일고-용성 선사를 중심으로」, 『大覺思想』 13, 대각사상연구원, 2010.
____, 「용성 선사의 『수심정로』에 대한 소고」, 『大覺思想』 6, 대각사상연구원, 2003.
조승미, 「백용성의 참선 대중화 운동과 부인선원」, 『大覺思想』 27, 대각사상연구원, 2017.
최근무, 「33인의 민족대표 백용성」, 『佛敎世界』 10호, 佛敎世界社, 1992.
학담, 「용성진종조사의 원돈율 사상과 선율겸행의 선풍」, 『大覺思想』 10, 대각사상연구원, 2007.
한동민, 「백용성의 만주 대각교 농장과 함양 화과원」, 『大覺思想』 28, 대각사상연구원, 2017.
한보광 스님, 「백용성의 대각교 운동」, 『佛敎思想』 29, 불교사상사, 1986.
__________, 「용성 선사의 수행방법론」, 『가산 이지관스님 화갑기념논총』, 1992.
__________, 「용성 선사의 불교개혁론」, 『회당학보』 2, 회당학회, 1993.
__________, 「용성 선사의 역경사업이 갖는 역사적 의의」, 『석림』 26, 동국대 석림회, 1993.
__________, 「용성 스님의 전반기의 생애」, 『大覺思想』 1, 대각사상연구원, 1998.
__________, 「용성 스님의 중반기의 생애」, 『大覺思想』 2, 대각사상연구원, 1999.
__________, 「용성 스님의 후반기의 생애(1)」, 『大覺思想』 3, 대각사상연구원, 2000.
_________, 「용성 스님의 후반기의 생애(2)」, 『大覺思想』 4, 대각사상연구원,

2001.

________,「일제시대 삼장역회의 성립과 역할」,『전자불전』 4, 동국대학교전자불전문화콘텐츠연구소, 2002.

________,「백용성 스님의 역경활동과 그 의의」,『大覺思想』 5, 대각사상연구원, 2002.

________,「백용성 스님의 대중포교 활동」,『大覺思想』 6, 대각사상연구원, 2003.

________,「백용성 선사의 불교정화운동」,『大覺思想』 7, 대각사상연구원, 2004.

________,「백용성 스님의 청소년포교」,『大覺思想』 8, 대각사상연구원, 2005.

________,「백용성 스님의 삼장역회 설립과 허가 취득」,『大覺思想』 9, 대각사상연구원, 2006.

________,「대각사 창건 시점에 대한 제문제」,『大覺思想』 10, 대각사상연구원. 2007.

________,「백용성 스님과 한국불교의 계율문제」,『大覺思想』 10, 大覺思想硏究, 2007.

________,「백용성 스님의 대각증득과 점검에 관한 연구」,『大覺思想』 11, 대각사상연구원, 2008.

________,「백용성 스님의 초기 수행과 보광사·도솔암의 인연」,『大覺思想』 12, 대각사상연구원, 2009.

________,「백용성 스님의 민족운동」,『大覺思想』 14, 대각사상연구원, 2010.

________,「백용성 스님과 연변 대각교당에 관한 연구」,『大覺思想』 16, 대각사상연구원, 2011.

________,「백용성 스님의 大覺禪 연구」,『大覺思想』 40, 대각사상연구원, 2024.

한상길,「조선시대 불교사 연구와『조선불교통사』」,『佛教學報』 40, 동국대 불교문화연구원, 2003.

_____,「개화사상의 형성과 근대불교」,『佛教學報』 45, 동국대 불교문화연구원, 2006.

_____,「개화기 일본불교의 전파와 한국불교」,『佛教學報』 46, 동국대 불교문화연구원, 2007.

_____,「특집: 한韓·중中·일日의 동아시아 불교 근대화와의 만남: 한국 근대불교의 형성과 일본, 일본불교」,『韓國思想과 文化』 46, 한국사상문화학회, 2009.

_____,「한국 근대불교 연구와 "민족불교"의 모색」,『佛教學報』 54, 동국대 불교문화연구원, 2010.

_____,「한국 근대불교의 불교문화재 인식」,『보조사상』 36, 보조사상연구원, 2011.

_____,「한국 근현대신문에 나타난 불교의례 연구」,『韓國思想과 文化』 54, 한국사상문화학회, 2010.

_____,「『백용성 대종사 총서』 수록 자료 조사기」,『大覺思想』 27, 대각사상연구원, 2017.

_____,「백범 김구와 불교」,『大覺思想』 29, 대각사상연구원, 2018.

_____,「김룡사의 3·1 운동」,『大覺思想』 31, 대각사상연구원, 2019.

한종만,「백용성의 覺의 원리」,『유교와 불교의 현실관』, 원광대출판국, 1981.

_____,「백용성의 대각교 사상」,『숭산 박길진 박사 고희기념 한국근대 종교사상사』, 원광대출판국, 1984.

_____,「근대 불교사의 혁명을 시도하다; 백용성」,『佛教』 425, 불교사, 1991.

_____,「백용성 스님의 생애와 사상」,『禪文化』 59, 禪道會, 2005.

허정선,「백용성과 대각사 연구」,『大覺思想』 34, 대각사상연구원, 2020.

호정,「용성 선사의 선사상-삼문수학의 계승 발전을 중심으로」,『한국선학』 34, 한국선학회, 2013.

홍윤식,「대각교 운동의 역사적 위치」,『大覺思想』 1, 대각사상연구원, 1998.

4. 학위논문

권영택,「근현대 불교혁신 사상 연구: 백용성·박중빈·손규상의 三覺思想을 중심으로」, 동아대 박사학위논문, 2003.

지원(윤점열),「용성 선사 역해『금강경』 연구」, 동국대 박사학위논문, 2015.

진관(박용모),「백용성의 불교실천운동 연구」, 동국대 박사학위논문, 2014.

호정,「용성 선사의 대각사상 연구-정토·선·화엄교학을 중심으로」, 연세대 박사학위논문, 2013.

허정선, 「백용성 선사의 참선포교에 관한 연구」, 동국대 박사학위 논문, 2022.

5. 잡지·신문

『매일신보』(1912. 5. 26), 「中央布教堂開教式」
『매일신보』(1915. 5. 14), 「禪宗臨濟派講究所」
『每日申報』(1915. 7. 7), 「증인 白龍星 신문조서」
『每日申報』(1919. 3. 7), 「吾宗은 臨濟禪宗」
『개벽』 제6호(1921. 10), 「智之端」(논설)
『東亞日報』(1920. 6), 「佛教改宗問題(五)」
『佛教』 창간호(佛教社, 1924. 7), 「禪話漏說」
『佛教』 3호(佛教社, 1924. 9), 「禪話漏說」
『佛教』 4호(佛教社, 1924. 10), 「禪話漏說」
『佛教』 5호(佛教社, 1924. 11), 「因緣觀」
『佛教』 6호(佛教社, 1924. 12), 「因緣觀」
『佛教』 7호(佛教社, 1925. 1), 「因緣觀」
『佛教』 9호(佛教社, 1925. 3), 「因緣觀」
『佛教』 15호(佛教社, 1925. 9), 「活句참선萬日結社會臨時事務所發表」
『佛教』 40호(佛教社, 1927. 10), 「大覺教堂奉佛式」
『佛教』 43호(佛教社, 1927. 11), 「삼장역회에서 朝鮮文 華嚴經 刊行」
『佛教』 61호(佛教社, 1929. 7), 「八日佛事와 設戒大會」
『佛教』 93호(佛教社, 1932. 3), 白龍城, 「中央行政에 對한 希望」
『佛教時報』 13호(1936. 8), 「大覺教堂을 海印寺京城布教所로 變更」
『佛教時報』 17호(1936. 12), 「大覺教堂이 다시 大本山梵魚寺京城布教所로 移轉手續」
『佛教時報』 59호(1940. 6) 釋大隱, 「故白龍城大禪師의 追慕」
『唯心』 2호(1918. 10), 백용성 「破笑論」
『禪苑』 2호(1932. 2), 백용성 「佛仙辨異論」
『신한청년』 창간호, 「한국승려연합대회선언서」
『삼천리』 제5권 제1호, 「半島에 幾多 人材를 내인 英·美·露·日 留學史」 1933.

『삼천리』 제8권 12호(1936. 12), 白龍城 「나의 懺悔錄」

김민경, 「노래하는 재미로 법회에 다녔지」, 『법보신문』 1998. 6. 3.

「龍井大覺教會에 突然解散通告」, 『동아일보』 1938. 4. 3.

현대불교신문(http://www.hyunbulnews.com) (2021. 3. 2. 검색)

찾아보기

【ㅇ】

【ㅊ】

【ㅌ】

【ㅍ】

【ㅎ】

허정선

미국 콜로라도 대학교에서 심리학 학사학위를 취득하며 인간 심리에 대한 서구적 접근을 탐구하고, 이화여자대학교에서 언론학 석사, 뉴욕 대학교에서 TESOL 고급 과정을 이수하였는데, 이는 다양한 배경을 가진 학생들에게 불교 교리와 수행법을 효과적으로 전달하는 데 큰 도움이 되었다.

동국대학교 대학원 선학과에서 철학박사 학위를 받은 후 동국대학교 미래융합교육원에서 「포교방법론」을 강의하고 「현대인의 생활참선」 과목의 주임교수를 역임하는 등 현대인의 일상에 화두참선 수행을 접목시키는 실용적인 방법을 연구하였다.

현재 서울 종로 대각사에서 「도심 속의 화두참선」 강의 및 여러 특강을 진행하며, 바쁜 도시 생활 속에서도 화두참선을 실천할 수 있는 방법을 모색, 제시하고 있다.

이 책은 불교학, 심리학, 언론학 등 동서양을 아우르는 폭넓은 학문적 지식과 다양한 교육 현장에서의 경험이 어우러진 결과물이다.

백용성의 화두 참선법

초판 1쇄 인쇄 2024년 9월 27일 | **초판 1쇄 발행** 2024년 10월 7일

지은이 허정선 | **펴낸이** 김시열

펴낸곳 도서출판 운주사

(02832) 서울시 성북구 동소문로 67-1 성심빌딩 3층

전화 (02) 926-8361 | **팩스** 0505-115-8361

ISBN 978-89-5746-851-7 93220 값 22,000원

http://cafe.daum.net/unjubooks 〈다음카페: 도서출판 운주사〉